国家出版基金项目
NATIONAL PUBLICATION FOUNDATION

药品监管法治丛书

宋华琳 等 著

药物创新立法比较研究

译林出版社

图书在版编目（CIP）数据

药物创新立法比较研究／宋华琳等著．—南京：译林出版社，2023.3
（药品监管法治丛书）
ISBN 978-7-5447-9587-6

Ⅰ.①药… Ⅱ.①宋… Ⅲ.①药品管理法-立法-对比研究-世界 Ⅳ.①D912.164

中国国家版本馆 CIP 数据核字（2023）第025679号

药物创新立法比较研究　宋华琳　等／著

责任编辑　黄　洁
特约编辑　朱雪婷
装帧设计　周伟伟
校　　对　孙玉兰　梅　娟
责任印制　单　莉

出版发行　译林出版社
地　　址　南京市湖南路 1 号 A 楼
邮　　箱　yilin@yilin.com
网　　址　www.yilin.com
市场热线　025-86633278
排　　版　南京展望文化发展有限公司
印　　刷　徐州绪权印刷有限公司
开　　本　880 毫米 ×1230 毫米　1/32
印　　张　7
插　　页　4
版　　次　2023 年 3 月第 1 版
印　　次　2023 年 3 月第 1 次印刷
书　　号　ISBN 978-7-5447-9587-6
定　　价　68.00 元

2022年度国家出版基金资助项目“药品监管法治丛书”成果

国家社科基金重大项目“突发重大公共卫生事件防控的法治体系研究”（20ZD&188）阶段性成果

目　录

第一章
药物创新立法的比较法图景

一、创新型国家与药物创新立法

无论是对于国家、民族还是个人来说，创新都是不断取得进步的灵魂和础石。奥地利籍经济学巨擘、长期任教哈佛的约瑟夫·熊彼得（Joseph Schumpeter）可谓“创新理论”（innovation theory）的奠基者。他曾于维也纳大学修习法律与经济学，于1911年出版《经济发展理论：对利润、资本、信誉、利益以及商业周期的考问》，此后，他作为“创新的先知”，声望日隆。熊彼得指出，现代社会存在两个基本事实：其一，存在“创造性破坏”（creative destruction）的过程；其二，就长期经济增长的配置效率而言，创新比渐进式改革更为重要。这两个构件之间互相勾连：创新是经济增长的关键要素，而创造性破坏则是创新的主要源泉。[1]

2006年1月9日于北京人民大会堂召开的新世纪的第一次全国科学技术大会首次提出要推动我国在2020年进入“创新型国家”行

1 Spencer Weber Waller & Matthew Sag, Promoting Innovation, 100 *Iowa L. Rev.* 2223(2015).

列的战略目标，指出“建设创新型国家，核心就是把增强自主创新能力作为发展科学技术的战略基点，走出中国特色自主创新道路，促进推动科学技术的跨越式发展”。“一个国家的现代化，关键是科学技术的现代化”[1]，为科技发展、推动中国进入创新型国家行列，抓好实施正确的指导方针、提高自主创新能力、深化体制改革、人才培养等方面的要求。

1978年3月18日，邓小平在全国科学大会开幕式上的讲话中强调，“四个现代化”之关键在于“科学技术现代化”：“没有现代科学技术，就不可能建设现代农业、现代工业、现代国防。没有科学技术的高速发展，也就不可能有国民经济的高速度发展。”1995年5月6日发布的《中共中央国务院关于加速科学技术进步的决定》[2]首提在全国实施科教兴国战略。1995年5月26日，江泽民在全国科学技术大会的讲话中明确指出，“从根本上讲科技与经济的结合要靠体制来保证。要把建立技术创新机制作为建立社会主义市场经济体制的一个重要目标”，“创新是一个民族进步的灵魂，是国家兴旺发达的不竭动力”，强调只有提高自主创新能力，才能摆脱落后局面、掌控自身命运、屹立于世界先进民族之林。[3]

2006年全国科学技术大会上提出的“创新型国家”理念，在后续的一系列政策纲领性文件与立法当中得到了承继与发扬。例如，2006年3月14日发布的《中华人民共和国国民经济和社会发展第十一个五年规划纲要》提出，要“努力建设创新型国家和人力资本强国”。2006年10月8日召开的党的第十六届六中全会将“全社会创造活力显著增强，创新型国家基本建成，社会管理体系更加完善，社会秩序良好”，作为到

1　胡锦涛：《坚持走中国特色自主创新道路为建设创新型国家而努力奋斗——在全国科学技术大会上的讲话》，2006年1月9日。

2　《中共中央国务院关于加速科学技术进步的决定》，1995年5月6日。

3　江泽民：《在全国科学技术大会上的讲话》，1995年5月26日。

2020年构建社会主义和谐社会的目标和主要任务之一。[1]2011年6月27日，全国人民代表大会常委会法制工作委员会在就立法后评估试点工作情况所做的报告中，指出要“围绕创新型国家战略”来确定《科技进步法》的评估对象和评估目的。[2]党的二十大报告也提出，到2035年我国发展的总体目标包括“实现高水平科技自立自强，进入创新型国家前列”。[3]

英国创新、大学与科技部（Department for Innovation, Universities & Skills）大臣于2008年3月在呈交议会的报告中指出：“我们希望创新在经济的每个领域都繁荣昌盛，在高附加值的商业可以繁盛、增长的地方尤其如此。我们也必须在我们的公共服务中进行革新。创新之于提供医疗保健和教育，和它之于制造、零售或创新经济一样重要”，[4]创新乃是关涉各大社会治理领域的宏大项目，而药物创新则是构建、发展创新型国家的题中应有之义。早在2002年7月，科技部便已正式启动“创新药物与中药现代化”重大科技专项。2005年，国务院将“重大新药创制”确认为16个重大专项之一，并令科技部等有关方面分工负责，以落实《中华人民共和国国民经济和社会发展第十一个五年规划纲要》。[5]2016年3月，《中华人民共和国国民经济和社会发展第十三个五年规划纲要》明确提出，“加快实施已有国家重大科技专项”并部署新

1　《中国共产党第十六届中央委员会第六次全体会议公报》，2006年10月11日。

2　《全国人大常委会法制工作委员会关于立法后评估试点工作情况的报告》，2011年6月27日。

3　习近平：《高举中国特色社会主义伟大旗帜　为全面建设社会主义现代化国家而团结奋斗——在中国共产党第二十次全国代表大会上的报告》，2022年10月16日。

4　Department for Innovation, Universities & Skills, *Innovation Nation*, 2008.

5　《国务院关于印发〈国家中长期科学和技术发展规划纲要（2006—2020年）〉的通知》，国发〔2005〕44号，2006年2月7日；《国务院关于落实〈中华人民共和国国民经济和社会发展第十一个五年规划纲要〉主要目标和任务工作分工的通知》，国发〔2006〕29号，2006年8月24日。

的专项，要求加快突破生物医药等领域的核心技术。[1]重大专项是“我国科技发展的重中之重”，是“为了实现国家目标，通过核心技术突破和资源集成，在一定时限内完成的重大战略产品、关键共性技术和重大工程”。[2]新药创制可谓躬逢其盛，党和国家的重视与支持由斯可见。

智识有门目，而问题无学科。药物创新绝不是科技工作者的一家之事。相反，药物创新需要各界的通力协作，而立法则是不可或缺之一环。药物创新关涉药物研发的知识产权、药物审评、定价模式、上市后监管、医疗保险、金融财税、科技创新等制度在内的诸多体系。如果说药物安全监管是以保障公众健康权益、降低健康风险为导向，那么药物创新则是以“提升我国创新药物研发水平、促进我国医药企业创新研发的国际化进程”[3]为旨趣。为实现这一目标，依托于法律的纯粹的行政手段已力有不逮。有必要完善顶层设计，从立法或宏观政策的视角来激励创新。对此，应在立足于我国实践这一本土之物的前提下，博考、兼蓄他国的先进有益经验，以求对实现“通过立法促进药物创新”这一目标有所裨益。

二、“新药”的内涵与概念变迁

界定“新药”的法律基准之形成，可以回溯我国药品监管体系之形成，其变迁沿革史可分为以下若干阶段：1984—2002年，2003—2007年，2008—2015年，2015年至今。前三个阶段分别对应的基准是：“我

1 《中华人民共和国国民经济和社会发展第十三个五年规划纲要》，新华网，2016年3月17日。

2 《国家中长期科学和技术发展规划纲要（2006—2020年）》，国发〔2005〕44号，2006年2月7日。

3 丁锦希：《创新药物研发政策解读与战略管理》，江苏科学技术出版社2012年版，第4页。

国未生产过”及“增加新的适应症、改变给药途径和改变剂型”；[1]“未曾在中国境内上市销售”，“改变剂型、改变给药途径的”，“增加新适应症”；[2]“未曾在中国境内上市销售”。[3]

2015年8月，国务院颁布的《国务院关于改革药品医疗器械审评审批制度的意见》针对仿制药重复建设申请、市场恶性竞争等病灶，将“提高药品审评基准”列为改革第一项主要任务。具言之，该文件将药品区分为“新药”与“仿制药”两大类别，前者的界定基准由此前的“未曾在中国境内上市销售”变更为“未在中国境内外上市销售”，并进一步将“新药”划分为“创新药”和“改良型新药”。[4]

回顾此前的2003—2007年这一阶段，我国企业的研发兴趣集中在对国外上市的新药的仿制上，这难免导致用于创新药物研究的各种资源和力量被大量挤占。《国务院关于改革药品医疗器械审评审批制度的意见》使我国与美国、欧盟、日本等国家与地区接轨，“全球新”从此取代“国内新”，成为新药的核心界定基准。

在美国，新药的定义规定在《联邦食品、药品与化妆品法》(Federal Food, Drug and Cosmetic Act)之中。新药被界定为：(1) 在标识所规定、建议或暗示的条件下，所含成分的安全性和有效性未能接受经科学训练且具有丰富经验的专家们评审，并获普遍认可的任何人用药品；(2) 被确定作为研究用药，以确定在相应条件的安全性和有效性，但除用于此研究外，未在该条件下，在实质性的范围和时间内被使用的任何人用药品。具体而言，一种新药必须包含新药物质(new drug

1　参见《中华人民共和国药品管理法》(1984)第57条；《新药审批办法》(1985)第2条。

2　《药品注册管理办法(试行)》(2002)第8条；《药品注册管理办法》(2005)第8条。

3　《药品注册管理办法》(2007)第12条。

4　《国务院关于改革药品医疗器械审评审批制度的意见》，国发〔2015〕44号，2015年8月9日。

substance)，即在药品生产、处理和包装过程中任何可能产生新颖性的物质，具体可以是新活性成分、新化合物、新配方、新剂型、新给药途径等。[1]

在欧盟，判定新药的关键在于鉴别“新化学活性物质”(new chemical active substance)。《对申请人的公告》(Notice to Applicants，简称NTA)给出的“新药”定义是：在欧盟内部未曾作为医药产品而获得批准上市的化学物质；或曾在欧盟内部获得批准上市，但关于安全性与效力的特征与曾经获得批准的化学成分显著不同的同分异构物、同分异构物的混合物、化学物质的复合体或衍生物或盐化物。此外，欧盟《人用药品指令》(Directive 2001/83/EC)等对此亦有所涉及。

建议在修订药品法规时，首先将“药品”划分为“新药”和“仿制药”，继而将“新药”定义为“未在中国境内外上市销售的药品”，将“仿制药”定义为“具有与参比药品相同的活性成分、剂型、规格、适应症、给药途径和用法用量，质量和疗效一致的药品”，并根据物质基础的原创性和新颖性，将新药进一步划分为“创新药”和“改良型新药”。

三、药品审评立法

(一) 功能

审评程序不仅关涉新药的安全性和有效性，更与产业创新联系紧密。上文所述之新药基准便是其中的一个重要组成部分，倘若其止步于“1984—2002年”阶段，就无法对药物创新形成“倒逼”机制，科研将长期处于低水平重复状态。相反，一旦法定基准得到革新，其所起到的引导作用亦是立竿见影。2007年7月，国家食品药品监督管理局公布

1 FD&CA, Section 505B(1)(A).

了《药品注册管理办法》,将“新药申请”再界定为“未曾在中国境内上市销售的药品的注册申请”而产生的影响便是典例。[1]

除新药界定基准外,新药审评程序、药品上市许可人制度等亦与药物创新密切相关。以新药审评程序为例,其涉及药物申请进入市场所需付出的制度成本。政府监管拥有多种影响创新的方式,其中之一是:政府向产业施加合规负担,这将导致后者把本可用于创新的时间和金钱投入到为合规而付出的努力当中。面对合规负担,倘若监管范围狭窄、创新结果能够逸脱于规制约束之外,则此时出现的是“规避型创新”;倘若监管范围广泛、创新的成果或过程处于其约束范围之内,则此时出现的是“合规创新”。一味要求合规,并不能保证达到真正的创新。[2]

具体到新药审评机制,设计精良的程序可以保证能够筛选出在安全有效性、利益与风险的衡量、包装说明书的合适性、药品生产方法、维持药品质量的控制机制等各方面都合乎要求的药品,并尽可能迅速地进入市场。这不但能令研发企业尽快收回成本并启动新一轮研发项目,而且有利于维护病患的健康权益。

1　2006年度,国家食品药品监督管理局所批准的新药临床申请为1 426件,新药生产申请为1 803件,新药补充申请则为728件,而同年联邦食品药品管理局批准的新药申请为101项,其中所涉的“新分子实体”数目为22。对照之下,彼时我国“新药不新”可谓不争的事实。但在2007年度,国家食品药品监督管理局批准新药临床申请758件、新药生产申请176件、新药补充申请432件,相较于上一年度,各方面的数据均更能显示“新药”的真正意涵,亦与美国、欧盟等国家与地区的情况更加接近。参见国家食品药品监督管理局:《2006年统计数据年报》,国家药品监督管理局官网; U. S. Food and Drug Administration, *Summary of NDA Approvals & Receipts*, 1938 to the present,美国食品药品管理局官网;《2007年统计数据年报》,国家药品监督管理局官网。

2　Luke A. Stewart, The Impact of Regulation on Innovation in the United States: A Cross-Industry Literature Review, NBER Working Papers No. 28381(2021).

（二）新药审评程序

1. 美国

美国食品药品管理局（Food and Drug Administration，简称FDA）下属的药品评价与研究中心（CDER）承担保证安全、有效的产品的可及性的使命。该国新药审批的原则是“宽进严出”，[1]而新药申请可分为研究用新药申请、新药申请与简化新药申请三类。

研究用新药申请根据申请用途的不同，可以分为三种类型，分别是研究型研究用新药申请（Investigator IND），紧急使用型研究用新药申请（Emergency Use IND）和治疗型研究用新药申请（Treatment IND）。新药申请可分为标准审评程序与优先审评程序，前者时限是十个月，后者是六个月。

总体上，《联邦食品、药品与化妆品法》、《罕见病用药法》（Orphan Drug Act）、《药物价格竞争与专利期限恢复法》（Drug Price Competition and Patent Term Restoration Act）、《处方药使用者费用法》（Prescription User Fee Act）、《食品药品管理局现代化法》（FDA Modernization Act）、《公共健康保障与生物恐怖主义应对法》（Public Health Security and Bioterrorism and Response Act）、《儿科研究公平法》（Pediatric Research Equity Act）、《食品药品管理局修正案法》（Food and Drug Administration Amendment Act）及其他相关规则、指南等共同构成了美国新药审评的法律框架。[2]

1　张象麟、叶光祖：《刍议美国FDA药品审评和研究中心2000年和2001年度报告》，《中国新药杂志》2003年第12期。

2　Susan Thaul, How FDA Approves Drugs and Regulates Their Safety and Effectiveness, CRS Report for Congress 2(2018).

2. 欧盟

在欧盟，扮演着和FDA类似的角色的，是欧洲药品局（European Medicines Agency），其使命在于做出以科学为基础的决策，规制药品，促进公共健康。药品欲进入欧洲市场，必须经过“临床试验申请”（clinical trial application）和“上市许可”（marketing authorization）两个步骤，对前者的批准在成员国层面进行，对后者的审批则可分为“集中程序”、“互认程序”、“成员国程序”与“非集中程序”。[1]欧盟《人用药品指令》（Directive 2001/83/EC）、欧盟委员会（EC）No 1085/2003条例、欧盟委员会No 726/2004条例等共同构成新药审评的法律渊源。[2]

3. 日本

2014年6月，为鼓励新型药品在日本率先完成实用化，厚生劳动省宣布实施“率先一揽子战略”，以推进从新药基础性研究到临床研究试验、审查批准、保险适用、海外扩展的一体化机制。2015年，日本正式实施率先审查指定制度，这旨在缩短审查期限，在药品研发的早期阶段指定在药品审批相关的商谈、审查中优先处理的划时代新药。此外，随着“未审批药品迅速实用化方案”的施行，厚生劳动省下属“未审批药品、非适应症用药品讨论会议”对于符合一定要件的欧美未批准药品也可以提出研发要求。

（三）加快上市程序

在美国，FDA的鼓励措施是以临床应用为导向，针对有潜力治疗严重和危及生命的疾病的新药、比已上市药品有显著改进的药品，根据不

1　U. Nitin Kashyap, Vishal Gupta & H. V. Raghunandanp, Comparison of Drug Approval Process in United States & Europe, 5 *J. Pharm. Sci. & Res.* 133–134(2013).

2　Regulation (EC) No 726/2004 of the European Parliament and of the Council of 31 March 2004.

同特点，共设有四种新药加速审评通道：快速通道（fast track）、突破性疗法（breakthrough）、优先审评（priority review）、加速许可（accelerated approval）。在欧盟，加快上市程序主要针对预计将具有重大公共卫生效益，尤其是从治疗创新角度而言具有重大公共卫生效益的药品。

在日本，依《药事法》，优先审查所适用的对象为罕见病用药以及其他“在医疗方面具有较高必要性”的药品，包括但不限于新药；《优先审查办法》则将优先审查程序的适用对象确认为罕见病用药、率先审查指定药品及符合特定要件的新药。

（四）罕见病用药审评

美国通过了《罕见病用药法》，界定了罕见病用药资格，对罕见病用药申请进行优先审评，给予罕见病药物市场独占权。欧盟《罕见病药品条例》就以下方面做了规定：罕见病用药的界定基准、罕见病药品委员会的任务和运作程序、罕见病用药的认定和移除程序、对罕见病临床试验及新药审批的支持，以及市场独占期和其他激励措施。

我国可借鉴国际经验，适时制定《罕见病用药法》，以立法对罕见病诊治、罕见病药品审评审批、罕见病费用筹资等内容加以规定，以更好实现对罕见病患者合法权益的平等保护。在立法尚不成熟的情况下，可考虑以国务院颁布行政法规的形式，制定《罕见病用药管理条例》。当下应着力完善罕见病目录制度，将罕见病药物纳入优先审评审批程序等加快上市注册程序。

（五）药品审评收费

1992年美国国会颁布《处方药使用者费用法》（PDUFA Ⅰ），授权FDA可将向制药企业收取的费用用于审评，这在一定程度上缓解了美国药品审评资金不足、人手不够的情况，此后国会又通过PDUFA Ⅱ、Ⅲ、Ⅳ、Ⅴ、Ⅵ、Ⅶ共六部法律，将审评收费的授权延续至今。《处方药使用者费用法》改进了美国药品注册和药品监管的绩效。

在我国，药品注册收费制度也有其正当性根据，当药品注册行为有可确证的受益与可确证的受益人时，以公平且有效率的方式设定药品注册收费，有助于体现“谁受益，谁负担”的精神。现行《药品管理法实施条例》授权国务院财政部门、国务院价格主管部门制定具体收费标准，在“公共服务以财政负担为主，准公共服务以财政和受益者共担”这一原则的指引下，应对相应的药品监管和药品注册活动收取费用，并明确规定所收取费用的用途。

（六）药品审评中的程序设计

药品审评中的其他制度，例如沟通交流机制、指导原则、通用技术文件要求等，也有助于加快药品的审评速度。

以沟通交流为例，在美国，在研究用新药申请提交前、Ⅰ期和Ⅱ期临床结束后，Ⅲ期临床开始前，新药申请提交前，都有会议举行，上市后也有沟通交流会等其他类型的会议。在我国，应充分发挥不同沟通交流渠道的作用，如沟通交流会议、一般性技术问题咨询、电话咨询、传真邮件咨询、问询式沟通交流等。建议明确将沟通交流机制优先适用于创新药物。

美国、欧盟都制定了大量的药品审评指导原则，应进一步强化技术审评指导原则在我国药品研究开发和注册管理中的地位，解决数量少和布局不合理的问题，改进我国药品审评技术指导原则的本土化程度，让多元主体参与技术指导原则的形成过程。

通用技术文件（Common Technical Document，简称CTD）的引入，促进了药品审评中的规制协调，减少了申请人在不同国家和地区提交不同格式申报材料而付出的成本，便于信息的搜集、整理和共享。我国也在鼓励以通用技术文件格式提交电子化、格式化的药品申报资料。

四、药品上市后监管立法

（一）功能

得到监管机构的批准，成功获得进入市场的许可，并不意味着药物创新历程的完结。正如时任FDA药物评估与研究中心主任的珍妮特·伍德科克（Janet Woodcock）所言，“即便是在美国，我们可以批准药品，会将它们推上市场，然而，它们如欲取得成功，需要拥有经证明的价值。……如果你可以显示你的药物的巨大价值……因为存在一个可以真正受益的群体，买家们便会愿意为之付款”，[1]研发阶段的结束并非标志着全面的成功。市场是新药的检验场、试炼地，而上市后监管立法则是保障创新最终取得成功之必要手段。

上市后监管立法亦与新药审评机制存在密切关联。世界卫生组织曾在研究中指出，为令支撑药物创新的上市许可制度的运作达到最好效果，监管体系必须在谨慎、诱因结构、全面性三大要素之间实现平衡。为达到这一目的，对上市许可的“适应性进路”（adaptive approach）的研究尤为关键；对附条件许可的探讨，是上市后监管的研究与实践的发展的有力驱动器。[2]换言之，就与药物创新的关系而言，上市后监

---

1 Drug Innovation, Approval, Market Access, and the “New Normal”: Emerging FDA Review Outcome Trends for New Drugs, PAREXEL White Paper, p. 1.

2 World Health Organization, 8.2 Regulatory Structures to Support Pharmaceutical Innovation，世界卫生组织官网。

管立法或许不如审评程序直接、密切，但它是不可或缺的匹配机制。企业在新药申请上市阶段所提交的早期材料存在一定的局限性，难以做到巨细靡遗。这有赖于不良反应报告与监测、再评价、再注册、召回等上市后监管制度予以弥补，后者可以在源自市场的、更为细致详实的信息的基础上做出决策，从而在一定程度上弥补早期信息和经验不足的局限。

（二）风险监管立法

风险监管立法包括风险监测和评估、上市后风险控制、风险警示和交流等制度。以风险监测和评估为例，欧盟《人用药品指令》第107b条、第107d条规定了药品定期安全性更新报告的制度，第107h条对药品风险变化、新风险的监测、风险评估、风险管理制度加以规定。美国则在立法中规定了“风险评估与降低策略”。我国应建立和完善药品上市后安全性研究管理制度，制定药品上市后安全性研究指南，细化药品风险评估及报告制度。

就上市后风险控制而言，欧盟《人用药品指令》第104条规定上市许可人有建立药物警戒体系的义务，FDA于2005年3月24日发布了“风险最小化行动计划”。我国应在制度设计上引入合作式风险治理的理念，在药品上市后风险控制理念的导引下，及时修订和完善药品生产、药品经营、药品不良反应、药品标签和说明书、药品召回等领域的法规，建立健全药品上市后风险控制技术规范指南体系，强化药品生产企业在药品上市后风险控制中的作用。

欧盟《人用药品指令》中规定了较为完备的风险交流体系，美国法律中设定了药品风险交流咨询委员会。我国应及时、准确、全面公示药品安全信息，着力建构药品风险交流咨询委员会或风险交流机制，扩充药品安全风险信息交流的工具包，加强药品上市后安全数据管理。

（三）上市后研究立法

药品上市前研究具有一定的局限性。我国可借鉴美国、欧盟的经验，推动建立药品上市后研究承诺制度，明确上市后研究的内容，明确上市许可持有人在药品上市后研究中的义务。药品监管部门和药品评价机构应进一步健全完善对Ⅳ期临床试验备案申请的评价工作程序，建立与药品上市后研究承诺法规相配套的药品上市后研究技术规范、研究指导原则以及相关标准，依法公布持有人做出的药品上市后研究承诺、提交的药品上市后研究信息。

（四）药品再评价立法

再评价制度是“向后看”的制度，是以确保药品安全性和有效性为目的，根据医药学的最新学术水平，对已经批准上市的药品进行分析评价，根据评价结论采取相应措施的制度。

欧盟建构了以药物警戒为主体的药品再评价法律体系，针对安全风险高的药品，欧盟积极开展有效性评价和安全性研究，积极发挥定期安全性更新报告（Periodic Safety Update Report）的作用，并将其作为药品再注册的依据。欧盟《人用药品指令》中规定了药品上市后的安全性更新报告制度，日本的药品再评价制度包括“定期再评价”“临时再评价”两类。

我国应在法律、法规中明确写入“药品再评价制度”，明确药品监管部门、药品上市许可持有人在药品再评价中的角色，将药品再评价结果用于非处方药遴选与调整、基本药物目录的遴选与调整、药品质量抽查公告、药品标准调整、药品淘汰、药品不良反应信息公开等情境，将药品再评价结果与再注册制度相联系。

（五）药品不良反应立法

药品不良反应是药品在以正常用法和用量使用时，由药品引起的有害的和非预期的反应。欧盟《人用药品指令》第107条规定了不良反应的监测、信息交流、报告、评估等制度，区别不良反应信息的来源，匹配不同的监管方式。在美国，FDA的药品不良反应报告收集主要有赖于企业的强制报告系统和FDA安全性信息和不良事件自愿报告系统（Med Watch）。在我国，应着力建立药品不良反应监测机构之间的数据共享机制，鼓励医疗机构、药品生产企业、药品经营企业之间的药品不良反应信息共享。

五、药品价格立法与药物创新

（一）功能

药物创新成本颇为高昂。具言之，在美国，一项新工程的启动便需要约10亿美元，此外，日常的研究开发（Research and Development，简称R&D）活动还需要大量资金投入。据统计，每一种成功的新药的平均研究开发成本为55亿美元，平均时间成本为10年到15年。如果超过15年，则投入其中的每100美元即升为412美元。对此，企业每年必须获得约15亿美元的市场收益方能收回研发成本。[1]在欧盟，令一种新分子进入市场所需的平均研究开发经费支出为10亿美元。[2]

1　李秀娟、孙利华、刘皓：《美国药品价格政策——促进研发与保障消费之间的权衡取舍》,《中国药物经济学》2009年第6期。

2　Stephan Eger & Jörg C. Mahlich, Pharmaceutical Regulation in Europe and its Impact on Corporate R&D, *Health Economics Review*, December 2014, 4: 23.

面对如此庞大的资本支出，设计优良的药品定价立法的作用便在于令企业得以借由市场收益来填补相关成本，以便展开新一轮创新。在我国，医药卫生行业早已不是改革开放之前的“具有慈善特征的社会主义福利事业”，与此对应，监管任务已不是简单的命令控制之手段所能胜任。在市场化的情境下，加强药物定价立法在鼓励创新方面的作用，是势之必然。[1]

（二）国外实践

纵观世界各国的新药价格规制政策，按其政府监管力度可分为三种模式：美国的自由定价模式、欧盟的综合定价模式以及日本的政府调控模式。就美国而言，其药物定价制度在由市场和竞争发挥主要作用的同时，也需历经与医疗保险机构、药物采购商等方面的谈判，并受其制约；在保证该国的创新长期领先于世界诸国的同时，也随之导致高药价的产生。据统计，美国消费者为药品所支付的金额约为欧洲消费者的两倍。这部分因为美国消耗更多的高价位药品，部分因为美国药价原本便相对较高。[2]相关框架性立法包括《药品价格竞争和专利期恢复法案》、1990年《综合预算平衡法》、《处方药使用者费用法》等。

就欧盟而言，其成员国承诺要达成三个局部上互相冲突的政策目标，包括“欧盟中的所有患者都能及时、公平、可及地获得药品”，“控制成员国的医药财政支出”，以及“对一个同样鼓励研发的竞争性、动态的市场中的创新加以奖励”。[3]有鉴于此，欧盟总体上采行的是价格监

1　参见宋华琳：《药品行政法专论》，清华大学出版社2015年版，第27页。

2　Dana P. Goldman, Darius N. Lakdawalla, Pierre-Carl Michaud, Neeraj Sood, Robert J. Lempert, Ze Cong, Han de Vries & Italo A. Gutierrez, *Regulating Drug Prices: U.S. Policy Alternatives in A Global Context.* Santa Monica, CA: RAND Corporation, 2008.

3　*Study on Enhanced Cross-country Coordinationin the Area of Pharmaceutical Product Pricing*(final report), December 2015，欧盟出版物官网。

管程度高于美国的"综合定价模式"。其中，法国在1998年颁布了《新社会保障融资法》，开始正式实施创新药物定价政策，突破性地将疗效创新性作为创新药物"绿色定价通道"的准入标准，此举在鼓励研发的同时，更强调上市新药对民众健康的实质性影响。"绿色定价通道"的特点在于明确准入条件、简化议价程序、强化议价权利三个方面。在德国，1989年《药物参考价格体系法案》的出台，标志着德国开始实行参考定价制度；2011年，德国政府在《医药行业改革法案》中正式将效用比较研究评价体系纳入创新药定价机制。该法案中的创新药定价机制的特点主要有三点：明确准入条件，强化议价权利，提升企业竞争层次。

近年来，在欧盟，随着老龄化的加剧、昂贵的新医药技术的引入，人们对成本控制更为关注，药物定价制度的变革之风正横扫欧洲。伦敦政治经济学院的帕诺斯·卡纳沃斯（Panos Kanavos）教授认为："保证物有所值的这一需要越来越得到认可。"[1]

就日本而言，作为实行全民医保的国家，其在药品价格管理方面采取了政府定价与医疗保险体系相结合的方式，由厚生劳动省统一定价。日本设有分类管理、价格管制、上市后再审核等机制，对创新药物、仿制药品实行不同的价格核算方法。日本与药品定价相关的立法主要有《药事法》《国民健康保险法》《医疗用医药品的药价基准收载通知》《医疗用医药品药价基准收载申请规定》等，该国药品定价制度的主要特点有明确创新划分标准、边际递减定价模式、有效平衡价格控制与创新激励等。

（三）制度改进

鉴于药物创新项目周期长、投入大、风险高，更大程度上发挥市场

1　Janet Fricker, Time for Reform of Drug Pricing in Europe? 47 *European Journal of Cancer*, 9(2011).

在决定新药价格中的作用，更有利于驱动研究开发资本的流入，促进研发绩效的提高。然而，“解决问题的可能性并不取决于我们选择什么神奇而宏伟的方案，而主要取决于我们选择什么样的技术。……在西方世界里，理性社会行为的核心是技术而非‘主义’”，[1]并不存在一项具备天然、绝对的善或者恶的制度。《推进药品价格改革意见的通知》所确立的制度，固然可以激励创新，但如何抑制高价、兼顾药物可及性、避免政府财政不堪其负等，皆是不得不加以详细考虑的问题。

我国当前的创新药物定价立法仍处于探索阶段，仅有《中华人民共和国药品管理法》、《药品管理法实施条例》以及其他一些单行法律法规中对药品价格的管理所做的零散规定。未来，应明确创新药品的分类与准入标准；引入药物经济性评价方法，通过科学的方法评估创新药的附加价值，按值作价；保证创新药的价格优势，严格控制仿制药的重复研发。可借鉴日本经验，对仿制药品实施“边际递减定价法”，设立创新药物特殊的注册审批程序，将创新药价格管理与医保报销政策相结合，充分发挥制药企业在创新药定价中的作用。

六、通过医疗保险立法促进药物创新

（一）国外实践

医疗保险本就是防止药物价格过高、保证产品可及性的重要机制。在政府定价绝大部分被取消之后，医疗保险的重要性更显突出。医疗保险之所以能在抑制高价的同时，不减损产业药物创新的动力，不危及上市药物的充裕性，是因为承担相关费用的主体是财政部门或商业保

1 ［美］莱斯特·M. 撒拉蒙：《政府工具：新治理指南》，肖娜等译，北京大学出版社2016年版，第1页。

险机构，而非研发企业本身。医保所实现的相对低廉的药价有助于市场容量的扩张，并可为创新提供强大诱因。

在美国，商业保险公司把化解疾病经济风险和提供医疗卫生服务作为商品提供给社会，疾病保险程度与缴费多少挂钩，而政府只负责弱势群体等少数人的基本医保。美国没有全国性的医保药品目录。医疗保险及管理保健组织都实施健康保险计划，计划中包含处方药品报销目录。健康保险计划不同，药品报销目录也不同。美国私营医疗保险及管理保健组织有目的地通过药物经济学研究将成本效果较高的药物列入报销目录，从而有效控制医疗机构的成本。[1]制药企业可与各保险公司进行价格谈判，将其新药纳入该保险公司旗下的报销目录。进入保险目录的药品，患者只需按规定比例支付费用，此举既保障了患者对该药品的可及性，又可给予企业一定的市场激励。

在法国，政府对纳入医疗保险报销范围的药品进行价格管理，政府确定创新药的出厂价，同时对批发和零售实行累退性加成。对高创新药实施快速定价法，对低创新药实施常规定价法。创新等级不同，定价也不同，临床效益改善程度评价（ASMR）不同等级的差价为30%左右。同时，法国会根据临床效益评价（SMR）等级和疾病严重程度具体确定药品报销比例。

在德国，政府于1989年制定了《医疗市场改革法》(Health Care Reform Act)，在医保体系下正式引入参考定价制度(Reference Based Pricing)。参考定价制度是针对国家医保支付药品进行价格规制。原则上，除非某种药品被列入“负面清单”(Negative List)，药品只要获准上市就自动进入医保报销目录。所以，德国绝大部分药品都在参考定价制度的管辖范围内。而为鼓励德国制药企业创新研发，参考定价制

1　李颖：《程序、优选和决策——美国俄勒冈州药品报销目录制定方式》，《医院院长论坛》2009年第3期。

度不包括专利药。如果某专利药品具有疗效创新、可间接降低医保基金负担等特点，德国医保基金伞状管理机构（GKV）将直接与制药企业单独进行谈判来确定药品价格。[1]

1977年，世界卫生组织在第615号技术报告中正式提出基本药物的概念，提出国家基本药物的概念、特点、目的等。世界卫生组织基本药物目录（World Health Organization Essential Medicine List，简称WHO-EML）的遴选采用专家委员会评审制度；遴选原则以药物的成本效果为依据，讲求同类比较的安全性、有效性和经济性证据，价格高但疗效好的药物同样可以进入基本药物目录。遴选过程中亦需参考各类支持性证据。

（二）制度改进

医疗保险市场对药品的销售起着决定性作用，如欲促进我国医药企业的药物创新，必须有来自医疗保险政策的支持。但我国当下仍存在若干阻碍药物创新的因素，例如，基本药物遴选依据以及遴选透明度有待完善，应急药物进入和退出基本药物目录的快速通道欠缺，我国医保目录更新相对缓慢。

我国未来在基本药物制度的改进方面，应量化基本药物的遴选原则；提高遴选透明度，增进公众参与度；完善基本药物目录调整机制，综合考虑各方面因素。在医疗保险制度的改进方面，应适当降低新药进入医保目录的准入门槛；设置创新药医保准入“绿色通道”；改善医保费用支付方式；医保准入谈判应以循证决策、价值导向、尊重创新为原则，进一步细化和完善医保谈判中的市场机制和各相关方参与协商

1　姚东宁、邵蓉：《德国药品参考定价制度对我国的启示》，《价格理论与实践》2014年第9期。

机制,令谈判流程更为透明公开。

七、通过激励政策立法促进药物创新

(一)金融财税立法与药物创新

1. 功能

通过金融财税立法促进药物创新,系指国家或各级政府为促进医药企业创新药物研发或产业化发展,帮助企业拓宽资金渠道,解决研发资金短缺问题,并间接影响和促进创新药物产出的立法。[1]

任何旨在解决或缓解社会问题的公共政策或立法,都必须关注问题的本质及成因,并借此实现其选择性。例如,就医药这类研发支出庞大、研发高度密集、不确定性以及风险较高的产业而言,企业可能对基础研发投入不足,或者不会对那些虽然可能会带来巨大的社会回报,但对企业回报很低的活动进行投资(如某种药物)。在这种情况下,旨在保障资金充裕性的金融财税立法便扮演重要的角色。[2]知识产权、药物定价等立法等均在不同程度上具有引导研究开发经费流向的效用,如果说二者的作用仍属间接,那么金融财税立法则是直接着眼于科研资金的泉源。这也是任何技术创新项目必须予以重视的问题。以国务院于2016年4月12日批准的《上海系统推进全面创新改革试验　加快建设具有全球影响力的科技创新中心方案》为例,为实现在2020年之前"形成具有全球影响力的科技创新中心的基本框架体系""研究开发经费支出占全市地区生产总值比例超过3.8%"等目标,该方案共推出七

1　参见丁锦希:《创新药物研发政策解读与战略管理》,江苏科学技术出版社2012年版,第190页。

2　参见[瑞典]C. 埃德奎斯特、L. 赫曼主编:《全球化、创新变迁与创新政策:以欧洲和亚洲10个国家(地区)为例》,胡志坚、王海燕主译,科学出版社2015年版,第309页。

项改革措施，其中涉及金融财税者可谓俯拾皆是：第一项“建立符合创新规律的政府管理制度”的第三子项“改革科研项目经费管理机制”，要求“完善对基础前沿类科技工作持续稳定的财政支持机制，为科学家静下心来潜心研究和自由探索创造条件”；第四项“健全企业为主体的创新投入制度”，旨在建立适宜的制度环境、借由金融财税政策以放大创新资本，“形成创业投资基金和天使投资人群集聚活跃、科技金融支撑有力、企业投入动力得到充分激发的创新投融资体系”；第七项“授权推进的先行先试改革举措”的第一子项便是“研究探索鼓励创新创业的普惠税制”，而第二子项则是“探索开展投贷联动等金融服务模式创新”。[1]

在美国，政府通过将资金直接或间接地投入特定科技部门，为科技创新提供财政支持。其中，直接支持包括财政投融资、财政拨款和政府采购，间接支持包括财政贴息、财政担保、财政资助等方式。值得一提的是美国政府的科技补贴制度，其包括重视对基础研究的投入，对高新技术产品实施出口补贴，通过对企业进行财政补贴的方式促进联邦研究室与企业开展合作研究，等等。[2]

从“公用地悲剧”（tragedy of the commons）理论出发，由于产业研究开发投入具有公益事业的某些特征，金融财税立法之于药物创新的必要性殊少争议。在不同情境下，知识产权融资、税收优惠、风险投资等治理工具各有优长，关键在于如何运用。以税收优惠为例，传统观点对其表示反对的最主要理由在于：它在吸引私人研究开发投入上所起的作用不大，只有巨大的税制调整才能在社会层面产生可欲的支出规模。但有学者通过对经济合作与发展组织（OECD）成员国的研究，

1 《国务院关于印发〈上海系统推进全面创新改革试验加快建设具有全球影响力科技创新中心方案〉的通知》，国发〔2016〕23号，2016年4月12日。

2 参见陈强、余伟：《创新驱动发展国际比较研究》，同济大学出版社2015年版，第22—23页。

指出实施研究开发税收抵免之后，社会回应一开始确不明显，但随着时间推移会逐渐增强。越来越多的国家会放弃直接拨款，并转向税收抵免。[1]

2. 国外实践

一般而言，关涉药物创新的金融财税立法在内容上主要有知识产权融资、税收激励、政府资金支持等制度。

（1）知识产权融资

在知识产权融资中，最为常用的两大形式为医药知识产权质押融资和医药知识产权证券化融资。[2]前者诞生于日本，该国所采行的模式的特点包括：以中小新兴企业为主体，可质押的知识产权种类丰富，贷款流程简单，知识产权价值评估体系完善，贷款额度较高，期限较长，等等。[3]

就知识产权证券化而言，这一方面的实践最早于20世纪90年代中期在美国展开。大卫·鲍伊（David Bowie）的版权、多米诺（Domino）的比萨连锁店商标、耶鲁大学所开发的艾滋病药物的专利等的证券化均是著名案例。该制度运行过程中的核心行为者包括发起人（originator）、特设载体（special purpose vehicle）、服务者（servicer）、投资者（investor）、信用评级机构（credit ranking agency）、信用增强（credit enhancement）机制、受托人（trustee）、保险商（underwriter）等。[4]

1　Bronwyn H. Hall & Joim van Reenen, How Effective Are Fiscal Incentives for R&D? A Review of the Evidence, NBER Working Paper No. 7098, April 1999, JEL No. H32, O31, O38.

2　参见丁锦希：《创新药物研发政策解读与战略管理》，江苏科学技术出版社2012年版，第191、222页。

3　参见杨莲芬、董晓安：《日本知识产权质押融资的启示》，《浙江经济》2012年第14期。

4　Dov Solomon & Miriam Bitton, Intellectual Property Securitization, 33 *Cardozo Arts & Ent. L. J.* 125(2015).

（2）税收激励

纵观世界各国，其所采行的税收激励措施主要包括税收抵免、税收扣除、加速折旧、降低公司所得税税率、税收豁免、退税、税收优惠结转等。美国于1981年在《经济复兴税法》(Economic Recovery Tax Act）[1]中提出了《研究开发减税法》。美国政府于20世纪七八十年代两次缩短固定资产的法定使用年限并简化折旧计算方法。英国《财政法》(2000年）和《财政法》(2002年）分别制定了针对中小型企业和大型企业的研发税收加计扣除政策，后续则主要是对扣除比例进行调整，如政府于2013年度预算中提出实施研发费用抵免计划，引入ATL（Above the Line）抵免。该国税收激励政策的总体特点是根据企业规模提供不同程度的研发税收优惠。日本对技术创新活动的税收优惠政策起步较早，从税额减免、税收抵扣、加速折旧、提取准备金等方面对企业的技术创新提供税收优惠，而且日本的研究资金大致有三分之二用于过程创新，将激励的重点放在研究与开发阶段。此外，《日本药事法》第77-2、77-3条亦规定了对罕见病用药的认定，并要求国家努力提供资金促进罕见病用药的试验研究，在税收上给予相应的优惠。

（3）政府资金支持

政府资金支持的典例之一是美国。国会于1982年通过的《小企业创新发展项目法案》(Small Business Innovation Development Act)[2]规定，小型企业可以申请政府的创新研发资金。根据该法，企业一般可以获得最多10万美元的资金进行研发项目的可行性研究；对于有商业前景的项目，政府还将补贴高达75万美元的资金。

1 Pub. L. 97-34, 95 Stat. 172, enacted August 13, 1981.

2 15 U.S.C. § 638(July 22, 1982).

(二) 科技创新立法与药物创新

1. 功能

纵观人类发展历史，创新始终是一个国家、一个民族发展的重要力量，也始终是推动人类社会进步的重要力量。科技是国之利器，国家赖之以强，企业赖之以赢，人民生活赖之以好。[1]而科技创新离不开相应的政策法规的推动。

2. 国外实践

在美国，相关科技创新立法主要有联邦政府于1980年通过的《拜杜法》(Bayh-Dole Act)、于1980年通过的《史蒂文森-威德勒技术创新法》(Steven-Wydler Technology Innovation Act)、[2]于1982年通过的《小企业技术创新进步法》(Small Business Innovation Development Act of 1982)、于1984年通过的《专利与商标法》(The Patent and Trademark Act of 1984)、于1987年发布的第12591号和第12618号总统行政命令、于1988年通过的《综合贸易与竞争性法》(Omnibus Trade and Competitiveness Act of 1988)[3]等。

在日本，与科技创新相关的法律主要有《科学技术基本法》《科学技术振兴事业团法》《独立行政法人科学技术振兴机构法》《日本中小企业事业团法》《中小企业技术开发促进临时措施法》《促进大学等的技术研究成果向民间事业转移法》《产业活力再生特别措施法》等。

1　参见习近平：《为建设世界科技强国而奋斗——在全国科技创新大会、两院院士大会、中国科协第九次全国代表大会上的讲话》，2016年5月30日。

2　PL96-480, S1250, 15 USC 3701-3714, 15 USC s/s 3701 et. seq. 1980.

3　PL100-418, HR.4848, 15 USC. 271 et. seq. 1988.

（三）制度改进

近年来，我国陆续制定实施了一系列支持科技进步和自主创新的税收政策，但仍应借鉴国际经验，不断完善现行的财政、税收、科技创新政策。具言之：

第一，应提高研发费用税前加计扣除比例，延长未使用抵免向后结转的年限以及允许技术开发费扣除向以前年度结转。

第二，对高新技术企业固定资产普遍实行加速折旧，缩短折旧年限，建立特别折旧制度，简化加速折旧的审批手续。

第三，加大对中小科技企业的税收优惠力度，如所得税的减免、特别的税收抵免、固定资产税的减免以及特别折旧。同时，针对中小科技企业风险大、寿命短的特点，给予向中小科技企业进行风险投资的机构以所得税优惠，等等。

第四，设置产学研合作激励条款，对企业与科研部门的合作给予鼓励，将企业与科研部门合作进行科技开发的费用进行清晰界定，并对其实行特别比例的税收加成扣除或税收抵免。

第五，鼓励引进创新技术和国际化发展。

八、结　语

本章立足于中国药物创新立法的实践，以外国相关经验为依托，对药物创新的政策背景，“药物创新”的内涵与概念变迁，包括新药审评、药品上市后监管、药品定价、医疗保险、金融财税、科技创新立法在内的药物创新立法的内涵、功用与框架设计进行了总括式的介绍与描述。

当下，我国药物创新环境正处于最好的时期，研发目标着眼全球布局，然而，因为创新难度增加，我国目前正处在新药研究的十字路口。

随着医药市场的国际重心转移以及中国政府主导的深化医药卫生体制改革开展，我国成为新的创新热土，国际合作机会亦进一步增多，“重大新药创制”国家重大科技专项的实施，使全国对生物医药产业的关注达到相当高度。[1]应充分把握这一宝贵的历史机遇，综合运用各类治理工具，以药物的研发、审批、上市后风险管理以及相关配套机制为切入点，为创新提供激励与诱因。

医药是一项产业，而非公共福利事业。与此相对应，由具有经济理性的市场行为者承担的药物创新难免带有利益导向、驱动的特质。这一认知应贯穿于药物创新立法设计、施行的全过程。只有在新药的研发、销售等各环节对相关方的合法利益提供充裕保护，保证其能够获取足以覆盖成本的收益，才能为创新提供持续不绝的动力。当然，相对于维护、提升人民的健康和福祉而言，药物创新只是手段，而非终极目的。在激励创新的同时，必须兼顾药品的安全性、有效性和可及性，以使技术研发带来的收益能够真正为社会公众所享有。只有做好顶层立法设计，才能对药物创新真正起到激励作用。

1　丁健：《中国药物创新的机遇与展望——在“科学监管通化交流峰会”上的报告》，《中国食品药品监管》2011年第10期。

第二章

药品审评立法与药物创新

一、导　言

党的二十大报告指出了坚持创新在我国现代化建设全局中的核心地位。优化配置创新资源，优化国家科研机构、高水平研究型大学、科技领军企业定位和布局，形成国家实验室体系，统筹推进国际科技创新中心、区域科技创新中心建设，加强科技基础能力建设，强化科技战略咨询，提升国家创新体系整体效能。

医药产业创新是创新型国家建设的重要内容。对于我国医药行业来说，无论是推动行业发展，还是满足不断提高的公众用药安全及质量需求，都有赖于新药的创制。药物创新能力不仅是制药企业在国内外竞争中取得竞争优势的源泉，而且从一个侧面反映了国家科技、经济水平以及政府综合管理能力。

与公众健康息息相关的药品一直以来备受媒体和公众的关注，如何通过立法与政策来鼓励新药创新，提高我国制药企业的研发水平，增强其在国际与国内市场的竞争力，应对当今药品研发全球化带来的挑战，同时促进公众健康，已成为非常迫切的问题。

药品注册审评是政府为了保证拟上市新药的安全性、有效性和质量可控性，在药品上市前对申请人所提交的相关临床前和临床药品数据进行审查和批准的过程。在药物研制、生产、流通、使用这一系列环节中，药品注册审评处于药品监管的起始阶段，是药品上市的首要环节。

对于新药研发而言，药品注册审评政策是灵敏的导航仪和风向标，具有强大的政策引导力。新药注册审评政策的完善将对药品研发产生重要影响，使其在保证药品质量的同时，进一步鼓励创新研发，优化我国医药产业结构，引导我国医药产业的健康发展。

药品审评决定的是与否、快与慢，关系到药品的安全性、有效性和质量可控性，关系到公众用药的可及性，关系到医药产业的创新和发展，关系到医药产业的国际竞争力。就我国的药品监管而言，药品审评是确保药品安全性和有效性的事前保障，有助于捍卫公众健康权益和公共安全，促进公众获得新药。但对特定申请人而言，尽早获得药品许可，将使其在市场上占据先机，获得比较优势和特定利益。新药的许可与监管，构成了特定药品企业的生命线，设计精良、制度完备、运转高效的药品上市许可制度，构成了医药产业发展的助推器。[1]

因此，如何把握好药品审评尺度，做到既能保障用药安全、有效，又能恰当地激励药物创新，仍然是药品注册管理所面临的重点和难点之一。本章将对药品注册审评管理与激励药物创新立法的现状加以评述，从新药的定义、新药审评程序、加速审评程序、罕见病用药审评程序、药品审评收费和完善药品审评的制度设计六个方面进行评析。

二、新药的定义

本节对国外的新药定义加以述评，并对我国新药定义的演进加以梳理，以期对我国的新药定义的完善有所裨益。

1　李鸻、宋华琳：《中国药品监管收费制度及其改革》，《宏观质量研究》2013年第2期。

（一）美国

在美国，对新药的定义公布于《联邦食品、药品与化妆品法》之中。

现行《联邦食品、药品与化妆品法》第2章第321条（p）款将新药界定为：（1）在标识所规定、建议或暗示的条件下，所含成分的安全性和有效性未能接受经科学训练且具有丰富经验的专家们评审，并获普遍认可的任何人用药品；（2）被确定作为研究用药，以确定在相应条件的安全性和有效性，但除用于此研究外，未在该条件下，在实质性的范围和时间内被使用的任何人用药品。[1]

根据新药化学新颖性的不同，FDA又将新药分为：（1）新分子实体（New Molecular Entity，简称NME）；（2）已批准药物的新酯、新盐或其他非共价键的衍生物；（3）已批准药物的新剂型；（4）两种或更多种类药品的新复方；（5）由新生产商来生产已上市药品；（6）已上市药品的新适应症；（7）在FDA成立之前即已上市的药品；（8）从处方药转换为非处方药的药品。[2]这其中，新分子实体是具有创新性的（innovative）新药，其他是在已上市药品基础上有显著改进（significant change）的新药。

（二）欧盟

欧洲药品局审批的人用药品包括新活性物质（new active substance）、仿制药（generics）和生物类似物（biosimilars）。欧盟的新药

1 FD&CA, Section 201(p).

2 United States Government Accountability Office, New Drug Development: Science, Business, Regulatory, and Intellectual Property Issues Cited as Hampering Drug Development Efforts, November 2006(GAO–07–49).

是指含有新活性物质的产品。药品生产商也往往很看重其药品是否被认可含有新活性物质，这涉及专利保护等重要利益。以下将对新活性物质和仿制药品的概念加以重点讨论。

1. 新活性物质

欧盟《人用药品指令》第1条中将活性物质定义为：

> 一切用于药品生产的物质或混合物，当其投入生产后，即成为这一意图通过发挥药理、免疫或新陈代谢作用，或做出医疗诊断的方式，以恢复、矫正或缓解生理机能的药品的活性成分。

新活性物质被定义为“一种新的化学性、生物性或放射性药用活性物质”，或“较之于已批准上市许可的药品的同分异构体，或其同分异构体的混合物、复合物、衍生物，或批准上市药品的盐类化学物，其在安全性和功效上有着显著的不同”。[1]

就仿制药而言，如果含有的活性物质是与最初已许可产品相同的治疗成分（therapeutic moiety）相关联的不同盐/酯的复合物/衍生物，那么，鉴于该关联物的药代动力学、药物动力学和毒性可能改变安全性和有效性，应当证明这些属性没有改变。如果这些属性改变了，这种关联物应被视为新活性物质。[2]

2. 仿制药品

欧盟《人用药品指令》第10条中规定了仿制药品的定义：

> “仿制药品”指与参照药品具有相同药物剂型，活性物质的定性和定量组分相同，且在生物利用度研究中证明与参照药品具

1　Directive 2001/83/EC, Article 10(2)(b).

2　Directive 2001/83/EC, Annex I, Part II, 3.

有生物等效性的药品。活性物质中盐类、酯类、异构体、异构体混合物、复合物或衍生物虽有差异，但除非它们在安全性和/或疗效的属性上存在重大差异，否则即应被视为具有相同的活性物质。在存在重大差异的情况下，申请人必须提供证明活性物质中盐类、酯类、异构体、异构体混合物、复合物或衍生物的不同安全性和/或疗效的相关信息。不同形态的常释口服药物制剂，应被视为同样的、同一的药物制剂。如果申请人能证明仿制药物符合相应具体指南中规定的相关基准，则可免于开展生物利用度研究。[1]

（三）日本

根据日本《药事法》(「医薬品、医療機器等の品質、有効性及び安全性の確保等に関する法律」昭和35年法律第145号）第14-4-1条的定义：

“新药”是指与已经获得批准的药品在有效成分、分量、用法、用量、效能、效果等方面存在明显区别的药品。

日本医药品医疗器械综合管理局（PMDA）将新药进一步划分为六种类型：含有新型有效成分的药品、新型医用配合剂、采用新型给药途径的药品、具有新型药效的药品、采用新剂型的药品、采用新用量的药品。[2]

1 Directive 2001/83/EC, Article 10(2)(b).

2 独立行政法人医薬品医療機器総合機構（PMDA）公式サイト，日本医药品医疗器械综合管理局官网。

与此同时，日本医药品医疗器械综合管理局将仿制药定义为：

已经通过临床实验等方式确认具有新型有效成分或者新型药效，并已经获得批准的新药（先发品）的专利到期后，与该新药含有同等数量的同种有效成分，采用同种给药途径，原则上具有同一药效并须采用同样用法用量的，通过生物学上的同等性实验被验证为与该新药在治疗学意义上等同的药品。[1]

（四）其他国家对“新药”的定义

1. 加拿大

加拿大《食品药品条例》（Food and Drug Regulations）第C.08.001条规定，“新药”包括如下三种情况：

（1）含有某种物质，无论该物质是作为活性或非活性成分、载体、包衣剂、赋形剂、溶剂或其他成分，在加拿大作为药物销售的时间和数量，都不足以在加拿大确定该物质作为药物使用的安全性和有效性；

（2）含有两种或两种以上的药品，无论是否还含有其他成分，但不曾以此组合或这些药物在此间的组合比例进行销售，销售的时间和数量不足以在加拿大确定使用此药物组合和配比的安全性和有效性；

（3）还未根据生产商规定、建议、拟议或声称的药物用途，及包括剂量、给药途径或作用时间在内的使用条件，在加拿大进行销售，或者还没有充分时间和数量，来确证在加拿大使用该药物时，此用途或使用条件的安全性和有效性。[2]

1　独立行政法人医薬品医療機器総合機構（PMDA）公式サイト，日本医药品医疗器械综合管理局官网。

2　Canada, Food and Drug Regulations, Section C.08.001.

2. 印度

印度《药品和化妆品法》未对“新药”加以定义，但印度《药品和化妆品规则》第122-E条对“新药”的界定是：（1）在标签规定、建议或暗示的条件下，从未在显著意义上在印度使用过，其宣称的功效也未曾为印度许可当局认定为有效和安全的药品（包括原料药物质）；（2）已为许可当局批准的新药，但现在拟以新的适应症、剂型（包括控释剂型）、剂量或给药途径上市；（3）两种或多种已分别获批准的药物组成的固定复方制剂，以固定的比率首次组合，或组分的比率较此前有修改。[1]此外，该条还附有专门的说明项，说明：（1）所有的疫苗只有在获许可当局批准后，才是新药；（2）新药在首次获批准或首次被收入《印度药典》后的四年内，仍被视为新药。

3. 韩国

韩国《药事法》第2条第8款对“新药”的定义是：由化学结构或物质结构完全独特的新物质组成的药品，或含有新物质作为有效成分的复方药品，此药品需经韩国食品药品管理局局长认定。[2]

（五）我国“新药”定义的演进

1. 1963—1983年

1963年卫生部、化工部、商业部联合下达的《关于药政管理若干规定》（草案）第二章题为“药品新产品”，规定“中西药品新产品指我国新生产的原料药、制剂及中药人工制成品”，凡国内已有生产，但为本生产单位、本省（直辖市、自治区）未生产过的原料药、制剂等同样按照新

1 India, Drugs and Cosmetics Rules, 1945, Article122-E.

2 Korea, Pharmaceutical Affairs Act, Article 2(8).

产品进行管理。[1]1978年7月30日，国务院批准颁发卫生部制定的《药政管理条例（试行）》，该《条例》第三章题为“新药的临床、鉴定和审批”，其第15条第1款则将新药界定为“我国创制和仿制的药品”。

2. 1984—1997年

1984年9月20日颁布的《中华人民共和国药品管理法》（简称《药品管理法》）第57条第2款将“新药”界定为“我国未生产过的药品”。[2]1984年版《药品管理法》第21、22条规定了新药临床试验、新药证书和批准文号制度。1989年2月发布的《中华人民共和国药品管理法实施办法》（简称《药品管理法实施办法》）规定，国务院卫生行政部门负责“审批新药”，该《办法》第四章题为“新药的审批”，规定了新药临床试验、药品审评委员会审评和新药证书制度。[3]

卫生部于1985年颁布的《新药审批办法》第2条规定，新药系指我国未生产过的药品。已生产的药品，凡增加新的适应症、改变给药途径和改变剂型的亦属新药范围。[4]该文件将西药新药和中药新药均分为五类。卫生部在1987年颁布的《卫生部关于新药保护及技术转让的规定》中，对一至四类新药分别设置了八年、六年、四年和三年的保护期，规定卫生部批准的新药，其他单位若未得到原研制单位的技术转让，在以上保护期内不得移植生产。[5]

3. 1998—2000年

国家药品监督管理局于1998年成立，于1999年4月以部门规章的

1　参见杨光主编：《北京卫生史料》（药政篇），北京科学技术出版社1996年版，第22页。

2　《中华人民共和国药品管理法》，1984年9月20日第五届全国人民代表大会常务委员会第七次会议通过，2001年2月28日第9届全国人民代表大会常务委员会第二十次会议修订。

3　《中华人民共和国药品管理法实施办法》，1989年1月7日国务院函〔1989〕3号批准，中华人民共和国卫生部令第1号，1989年2月27日发布。

4　《新药审批办法》，卫生部，1985年7月1日发布。

5　《卫生部关于新药保护及技术转让的规定》，1987年3月24日发布。

形式重新颁布了新版《新药审批办法》，规定新药系指“我国未生产过的药品”。已生产的药品改变剂型、改变给药途径、增加新的适应症或制成新的复方制剂，亦按新药管理。[1]此规章对“新药”的界定与1984年版《药品管理法》及1985年版《新药审批办法》对“新药”的界定并无本质区别。国家药品监督管理局于1999年颁布的《新药保护和技术转让的规定》则规定一类新药保护期为12年，二、三类新药保护期为八年，四、五类新药保护期为六年。[2]

这个时期的“新药”概念仍较多体现了“保护主义”的立场，“我国未生产”包含了国内外均未生产和国外已生产而我国未生产两重含义，再加上所谓“按新药管理”，由此可见“新药”概念之宽泛。同时，对如此多不够“新”的“新药”还设定了行政保护期。[3]这主要囿于我国当时的药物研究开发水平，这样的概念和制度设计也加剧了药品研究开发的低水平重复。

4. 2001—2014年

2001年修订颁布的《药品管理法》第4条规定，“国家鼓励研究和创制新药，保护公民、法人和其他组织研究、开发新药的合法权益”，第29条第1款规定了研制新药所需报送的资料和样品要求，第31条规定了生产新药所需的药品批准文号制度，第33条规定了新药审评制度。[4]自2002年9月15日起实施的《药品管理法实施条例》在第83条

1 《新药审批办法》，国家药品监督管理局令第2号，1999年4月22日发布，自1999年5月1日起施行。

2 《新药保护和技术转让的规定》，国家药品监督管理局令第4号，1999年4月22日发布，自1999年5月1日起施行。

3 参见宋燕、邵蓉：《从新药定义的“缩水”看我国政府对药品创新的扶持》，《中国医药技术经济与管理》2008年第10期。

4 《中华人民共和国药品管理法》，1984年9月20日第五届全国人民代表大会常务委员会第七次会议通过，2001年2月28日第九届全国人民代表大会常务委员会第二十次会议修订。

第2款中，将新药定义由1984年版《药品管理法》规定的“我国未生产过的药品”限缩为“未曾在中国境内上市销售的药品”。

国家药品监督管理局于2007年7月10日颁布的《药品注册管理办法》(下称2007年版《药品注册管理办法》)，废止了国家药品监督管理局于2005年2月28日颁布的《药品注册管理办法》。[1]2007年版《药品注册管理办法》第3条将“药品注册”界定为，国务院药品监督管理部门“根据药品注册申请人的申请，依照法定程序，对拟上市销售药品的安全性、有效性、质量可控性等进行审查”，并决定是否同意其申请的审批过程。

2007年版《药品注册管理办法》虽然在第4条引入了“创制新药”概念，但新药仍不限于创制新药，该《办法》第12条第1款规定，“新药申请是指未曾在中国境内上市销售的药品的注册申请”；该《办法》第12条第2款规定，对已上市药品改变剂型、改变给药途径、增加新适应症的药品注册，按照新药申请的程序申报。

2007年版《药品注册管理办法》的附件1为“中药、天然药物注册分类及申报资料要求”，将中药、天然药物分为九类，前六类为新药，第七、八类属于改变国内已上市中药、天然药物给药途径或剂型的制剂，不属于“新药”，但是按新药申请申报；第九类则为仿制药。

2007年版《药品注册管理办法》的附件2为“化学药品注册分类及申报资料要求”，第一类为“未在国内外上市销售的药品”，第二类为“改变给药途径且尚未在国内外上市销售的制剂”，或可将这两类药品理解为“全球新”的药品；第三类为“已在国外上市销售但尚未在国内上市销售的药品”，或可将其理解为只是“中国新”的药品；第四类药品“改变已上市销售盐类药物的酸根、碱基，但不改变药理作用”；第五

1　《药品注册管理办法》，国家药品监督管理局第28号令，2007年7月10日发布，自2007年10月1日起施行。

类药品则改变已上市药品剂型，但不改变给药途径，充其量是创新程度较低的“新药”；第六类药品是已有国家药品标准的原料药或者制剂，应被视为仿制药，而非新药。

在2007年版《药品管理法》的制度框架下，“新药”是指未曾在中国境内上市销售的药品，对“已上市的药品改变剂型、改变给药途径或增加适应症”的药品，注册时按照新药程序申报，但不再按照新药管理，这更为鼓励实质性的药品技术创新，在某种意义上缩减了新药的范围，让新药范畴相对聚焦于新化学实体及在原研药基础上的创新。然而，此时我国“新药”的概念还是“中国新”而非“全球新”，这使得我们固守于以仿制药审评为主的药品审评体系，药物研发资源与审评资源更多向仿制药审评倾斜，一方面仿制药重复研发、重复申请、市场恶性竞争，另一方面审评注册积压严重，创新药研发难，创新药上市审批时间相对较长。[1]

5. 2015年的药品审评审批制度改革

2015年8月，国务院印发了《国务院关于改革药品医疗器械审评审批制度的意见》（以下简称《意见》），这份文件拉开了药品审评审批制度改革的帷幕。[2]《意见》强调，“鼓励研究和创制新药，鼓励以临床价值为导向的药物创新，优化创新药的审评审批程序”。《意见》致力于“提高药品审批标准”，将药品分为“新药”和“仿制药”，而将新药由“未曾在中国境内上市销售的药品”调整为“未在中国境内外上市销售的药品”。根据物质基础的原创性和新颖性，将新药分为创新药和改良型新药。同时，将“仿制药”由“仿已有国家标准的药品”调整为“仿与原研药品质量和疗效一致的药品”。

1　参见陆悦：《审评审批篇：将改革进行到底》，《中国医药报》，2019年9月27日。

2　《国务院关于改革药品医疗器械审评审批制度的意见》，国发〔2005〕44号文，2015年8月18日发布。

正如国务院药品监督管理部门负责人2015年在国务院新闻办举行的新闻发布会上所指出的那样，“鼓励创新，但是我们……在新药上的概念就不行，我们法律上对新药的概念是中国没有上市的产品就是新药，中国没有上市，国外已经上市好多年了，到了中国来就变成新药了，这不合理。所以，新药的概念要变，变成真正的创新产品”。[1]在此背景下，国务院文件将“新药”概念由“中国新”调整为“全球新”。

2015年11月4日通过的《全国人民代表大会常务委员会关于授权国务院在部分地方开展药品上市许可持有人制度试点和有关问题的决定》指出，“同意国务院组织开展药品注册分类改革，提升药品质量，推进我国药品产业转型升级”。2016年3月，国家食品药品监督管理总局发布了《化学药品注册分类改革工作方案》，将化学药品新注册分类分为五类，其中第一类为境内外未上市的创新药，第二类为境内外均未上市的改良型新药，第三、四类为仿制药品，第五类为境外上市的药品申请在境内上市，同时对一、二类中不同类别的新药设立三年至五年不等的监测期。可将此工作方案视为对国务院《意见》的细化。

6. 2019年以来的药品法规制度建设

2019年8月26日，《药品管理法》迎来了第二次全面修订。修订后的现行《药品管理法》第5条规定，国家鼓励研究和创制新药，保护公民、法人和其他组织研究、开发新药的合法权益。但修订后的《药品管理法》并未对“新药”概念加以正面界定。

国家市场监督管理总局于2020年1月颁布了《药品注册管理办法》，在现行《药品注册管理办法》第4条中，明确了药品注册按照中药、化学药和生物制品等进行注册管理，引入了创新药、改良型新药的概念，例如，规定中药注册按照中药创新药、中药改良型新药、古代经典

1　《食品药品监管总局介绍药品医疗器械审评审批制度改革情况》，中国政府网，2015年8月18日。

名方中药复方制剂、同名同方药等进行分类，化学药注册按照化学药创新药、化学药改良型新药、仿制药等进行分类，生物制品注册按照生物制品创新药、生物制品改良型新药、已上市生物制品（含生物类似药）等进行分类。《药品注册管理办法》授权国务院药品监督管理部门根据注册药品的产品特性、创新程度和审评管理需要，组织制定中药、化学药和生物制品等药品的细化分类和相应的申报资料要求，并向社会公布。[1]

7. 对“新药”定义的建议

我国现行《药品管理法实施条例》仍将“新药”定义为“未曾在中国境内上市销售的药品”，《药品管理法实施条例》对“新药”的界定已经滞后于国务院推行的药品注册分类改革实践。建议在修订后的《药品管理法实施条例》中，对“新药”“仿制药”等概念加以厘清。

《中华人民共和国行政许可法》（简称《行政许可法》）第2条将“行政许可”界定为“行政机关根据公民、法人或者其他组织的申请，经依法审查，准予其从事特定活动的行为”。[2]我国《药品管理法》第24条设定的药品注册证书制度，本质上是行政许可制度。多国法律中对“新药”的界定，体现了由法定机构进行药品审评，继而颁发新药行政许可的要义。我国目前对“新药”的定义未能体现“新药”概念同药品许可制度的关联，未能和《药品管理法》中的药品注册制度有机衔接。因此，可规定新药需“经国务院药品监督管理部门批准”。

通观各国药品法的规定，“新药”的定义所涉及的“新”，涉及新活性物质、新复方制剂、新剂型、新给药途径、新适应症、新规格，涉及已上市药物的新盐、新酸根、新酯，乃至新的场地。但关键在于，“新药”与已

1 《药品注册管理办法》，国家市场监督管理总局第27号令，2020年1月22日公布，自2020年7月1日起施行。

2 《中华人民共和国行政许可法》，第十届全国人民代表大会常务委员会第四次会议通过，2003年8月27日公布，自2004年7月1日起施行。

获得批准药品在有效成分、分量、用法、用量、效能、效果等方面存在明显区别。“新药”的“新”，在于“全球新”而非“中国新”。为此，建议在修改后的《药品管理法实施条例》中，将“新药”界定如下：

> 新药是指，国务院药品监督管理部门依照法定程序，对拟上市销售药品的安全性、有效性、质量可控性进行审查，获国家药品监督管理部门批准的，在批准之前未在中国境内外上市销售的药品。

需要指出，“新药”涉及新物质、新有效成分、新单体，以及新的复方制剂、剂型、适应症、给药途径、酸根、碱基、金属元素，以列举式的办法规定这些新药的类型，势必难以穷尽新药的类型，反而会引起法律适用中的困难。

此外，建议根据物质基础的原创性和新颖性不同，规定将新药划分为“创新药”“改良型新药”，并对“创新药”“改良型新药”给出不同的定义。应强调“创新药”为“国内外未上市的药品”。

改良型新药强调明显的临床优势，即强调患者未被满足的临床需求，也是我国现阶段药品研发高质量发展的重要战略转型切入口。我国目前改良型新药的范围与美国的第二类新药很接近，包括了已知活性成分的新酯、新盐或其他非共价键的衍生物，是在已知活性成分的基础上，对其结构、剂型、处方工艺、给药途径、适应症等进行优化，且具有明显优势的品种。改良型新药是对已知活性成分的上市药品进行优化，被改良药品的结合靶点、作用机制、药效学数据、人体药代动力学数据、有效性证据和安全性特征都较为明确。[1]目前，国家药品监督管理局已经先后颁布《化学药品改良型新药临床试验技术指导原则》《儿童用

1　《化学药品改良型新药临床试验技术指导原则》，国家药品监督管理局药品审评中心，2020年第54号通告。

化学药品改良型新药临床试验技术指导原则（试行）》《改良型新药调释制剂临床药代动力学研究技术指导原则》等一系列指导原则。[1]

药品包括“新药”“仿制药”，还可在法规中规定“仿制药”的概念，将其定义为“具有与参比药品相同的活性成分、剂型、规格、适应症、给药途径和用法用量，质量和疗效一致的药品”。

三、新药审评程序

（一）美国的新药审评程序

美国对新药的审评本着“宽进严出”的原则，FDA对于研究用新药申请的药品技术要求比较宽松，只要有初步的质量、药效和动物药代动力学研究资料，能够简单说明无严重的安全性问题，就可批准进行临床研究；FDA则严格监管临床试验过程。[2]

美国新药申请包括三种类型：一是研究用新药申请，相当于我国的临床研究申请。[3]二是新药申请，相当于我国的新药上市申请，在Ⅲ期临床试验结束后提出。三是简化新药申请，规定了仿制药审评程序。[4]在此，主要对研究用新药审评程序和新药审评程序加以述评。

1. 研究用新药申请

美国联邦法规禁止任何未经FDA批准的新药在州际间运输交易，

1 《对十三届全国人大五次会议第1971号建议的答复》，国家药品监督管理局，国药监建〔2022〕38号，2022年7月6日。

2 张象麟、叶光祖：《刍议美国FDA药品审评和研究中心2000年和2001年度报告》，《中国新药杂志》2003年第12期。

3 Investigational New Drug (IND) Application, FDA官网。

4 U. Nitin Kashyap, Vishal Gupta , H. V. Raghunandan, Comparison of Drug Approval Process in United States & Europe, *J. Pharm. Sci. & Res.*, Vol.5(6), 2013, 131-136.

IND申请虽不是申请新药上市许可，但药物申办者（sponsor）想运送试验药物到不同的州做临床试验，必须寻求法律法规上的豁免。而IND申请就是药品申办者为获得FDA豁免所提出的申请。

在新药临床试验中，药品申办者的主要目标是确保人首次使用药物的安全性，如果该药物表现出药理活性，即证明该药物有开发的商业价值。当确认一个产品可以成为进一步研发的对象，药品申办者就会收集必要的数据，建立资料档案，以确保在有限范围内的早期临床研究中，该产品不会给人体带来不合理的风险。[1]

IND申请是联系新药临床前研究与临床研究的中间环节，这种审评旨在确保新药临床研究的安全性，以避免给临床试验受试者带来不必要的风险。当药品申办者已筛选出具有药理活性的新分子实体，并已开展动物急性毒性试验，想在人体上测试是否有诊疗效果时，FDA就登场发挥作用。[2]

根据申请用途的不同，可将IND申请分为研究型IND、紧急使用型IND和治疗型IND三种类型。《联邦法规汇编》第21题第312部分对IND申请详加规范，包括总则、研究用新药申请、行政行为、申办者和研究者义务、意在治疗严重危害生命和健康的药品、杂项、实验室动物用药或体外用药、拓展性同情用药部分。[3]

由医生启动研究型IND申请，并由该医生开展后续研究，在其直接指导下给药或配发药品。医生可能提交研究型IND申请，建议研究一种未获许可药品，或已许可药品的新适应症或新患者群体。

适用紧急使用型IND申请适用的情形是，在紧急状态下，当没有时间按照法规提交IND申请时，准许FDA批准在此种紧急状态下使用某

1 Investigational New Drug (IND) Application, FDA官网。

2 参见Introduction, Investigational New Drug (IND) Application, FDA官网。

3 Investigational New Drug Application, Code of Federal Regulation, Title 21, Part 312.

种研究用药物。此种IND申请还适用于不符合现有研究方案标准的患者，或者当不存在已许可的临床研究方案时，批准使用试验药物。

治疗型IND申请适用的情形是，临床经验显示，研究用药物对严重的或即将危及生命的疾病有治疗前景，临床试验工作即将结束，并将提请FDA审评。[1]

研究用新药申请应包含三类信息，分别是：动物药理学和毒理学研究信息（Animal Pharmacology and Toxicology Studies Information），化学、生产和控制信息（Chemistry, Manufacturing and Control Information），临床研究方案和研究者信息（Clinical Protocols and Investigator Information）。

动物药理学和毒理学研究信息是临床试验申请的主要部分，根据这些试验数据，FDA可以大致评价该研究用药物是否能合理、安全地用于人体试验。这部分信息包括药品的药理学模式，描述新药对动物体作用的药理效果和机理；同时根据预期研究用药物在临床试验中持期限长短，进行期限两周到三月不等的、至少涉及两种动物以上的急性毒性试验。[2]

应提交相应的化学、生产和控制信息，以保证在每个研究阶段，能确证研究用药物的质量、纯度和效力，所需信息也会随着研究阶段、拟议研究持续时间、剂型等的变化而变化。Ⅰ期临床的审查重点在于，要对新药及新原料药加以确证和控制。[3]

就临床研究方案而言，Ⅰ期临床研究方案具有较大的灵活性，主要提供研究框架，对预计的受试者人数、安全性防护、用药持续期限、剂量加以勾勒。Ⅱ期、Ⅲ期临床研究方案则应涵盖临床研究的方方面面，如

1　Investigational New Drug (IND) Application, FDA官网。

2　参见王建英编著：《美国药品申报与法规管理》，中国医药科技出版社2005年版，第106页。

3　Investigational New Drug Application, Code of Federal Regulation, Title 21, Part 312, Section 312.23(a)(7).

果申办者预计随着研究的进行，可能出现某些偏离最初设计方案的情形，那么在最初的临床研究方案中，应载明此时备选的替代方案或应急措施。[1]

一旦提交研究用新药申请，申办者需要等待30日，在此期间不得开展临床试验。研究用新药申请审评主要侧重于安全性审评。[2]如果FDA对审评结果满意，在收到研究用新药申请资料后30日内，FDA未做出暂停临床研究的决定，申请人就可以立即开展临床研究。需要指出，FDA的药品审评与研究中心对审评合格的IND申请，并不发出审评合格的通知，因此，"没有消息就是好消息"。如果FDA认为IND申请资料尚存在某些微小缺陷，但不足以做出暂停临床研究的决定，应告知申请人现有的缺陷，申请人可以在对缺陷进行整改的同时，开展临床试验。

2. 新药申请审评

新药申请审评一直是FDA控制药品质量的重要内容。新药申请审评是药品上市前的重要环节，它的最主要目的是确保上市药品安全、有效、质量可控。

新药申请需回答三个关键问题，一是就药品的拟议用途而言，药品是否安全、有效，其收益是否超过风险；二是生产和用于保障药品质量的方法是否可以确保药品的属性、效力、质量和纯度；三是药品的标签与说明书是否恰当，应该包括哪些内容。提交的新药申请材料应阐明药物的整体状况，包括在临床试验中发生了什么，药品成分是什么，动物研究的结果，体内药物的反应，以及药品如何生产、加工和包装。[3]

1　Investigational New Drug Application, Code of Federal Regulation, Title 21, Part 312, Section 312.23(a)(6).

2　Investigational New Drug (IND) Application, FDA官网。

3　New Drug Application (NDA), FDA官网。

新药申请申报材料主要包括以下五个方面的内容：[1]

（1）申请表

申请表的内容包含申请人的姓名和地址、申请日期、药品名称（需说明药品的通用名、商品名、化学名和编码名称等）、药品剂型和效力、给药途径、各期IND编号、药品主文件（DMF）编号、药品拟议用途，还要说明申请类型是初始申请、重新申请还是补充申请，说明拟申请处方药还是非处方药的上市许可，申请人或其代理人应在申请表上签名。

（2）索引

新药申请资料的存档副本中，应包括摘要、技术要求、支持信息在内的申请资料，并制作申请资料索引。

（3）摘要

摘要的信息应足够详细，让读者可对新药申请所包含数据和信息有全面、完备的理解。摘要应当对新药申请材料的方方面面加以讨论，并将各种信息综合成一份架构完好的文件。摘要的撰写应大致达到在科学和医学刊物上发表的水准。FDA可以把申请者提交的摘要提供给咨询委员会委员和承担相应职责的行政官员。

摘要内容应包括：拟议的标签内容；申请新药的药理类别科学原理、预期用途和潜在的临床收益；申请新药在其他国家的上市史；新药申请的化学、审查和控制信息摘要；新药申请的非临床药理和毒理学摘要；新药申请的药物代谢动力学和生物利用度摘要；对抗感染药而言，还需提供微生物学摘要；新药临床数据和临床统计分析的摘要。摘要内容应涉及对新药收益和风险的讨论，并得出是否有必要开展上市后监测或上市后研究的结论。

---

1 CDER, Guideline for Submitting Supporting Documentation in Drug Applications for the Manufacture of Drug Products, FDA官网。

（4）技术资料

申请者要提交新药化学、生产工艺及质量控制方面的数据，非临床药理和毒理数据，人体药代动力学和生物利用度数据（仅限于抗生素类药品提交微生物学数据），临床试验数据，统计学数据。

（5）其他信息

申请者还需提交样品与标签信息、病例报告表、专利信息、专利声明及其他有关信息。

FDA药品审评与研究中心将新药申请涉及的新药划分为以下十类，这有助于促进药品审评管理，促进不同审评处（室）之间审评的一致性，从而更好地进行回溯性分析，促进审评规划和政策制定。

第一类新药系指新分子实体（New Molecular Entity），所含有的活性成分此前未在美国上市。

第二类新药系指新活性成分（New Active Ingredient），是由已上市活性成分衍生而来，是在美国已上市活性成分的酯、盐或其他非共价键衍生物，或是去修饰基团的母体化合物未在美国批准上市的。

第三类新药系指药品的新剂型，含有已上市活性成分的新剂型或新处方，其适应症可以与上市产品相同，也可以不同。

第四类新药系指新的组合产品，是包含两种或多种已上市活性成分的品种，上市产品中尚无此种组合。

第五类系指药物新规格或新生产商、申请者。

第六类系指新适应症，是同一家公司或其他公司在美国批准或上市的具有新用途的药品。

第七类系指已在市场销售但未获得新药申请批准的药品。如药品中含有1938年之前即已使用的活性成分，或者涉及在1938—1962年首次使用的活性成分，且该成分通过了等效性研究。

第八类系指处方药转换为非处方药。

第九类是针对药品的新适应症，提交单独的新药申请，批准后将其同原有的新药申请合并。

第十类是针对药品的新适应症，提交单独的新药申请，批准后给予独立的新药许可。

FDA的新药审评程序有二：一种是标准审评程序，时限为十个月；另一种是优先审评程序，时限为六个月。适用标准审评还是优先审评程序，由药品审评与研究中心进行逐案判断。

新药申请审评旨在验证申请人所得出的结论是否正确，药品是否安全、有效、质量可控。审评人员在审评新药时要展开广泛的交流讨论。例如，医学审评人员在分析临床数据时，可能得出不同于申请人的结论，此时医学审评人员可能与统计学审评人员进行探讨，了解从统计学角度如何看待这个问题。同样，药理学审评人员可能与统计学人员进行密切交流，探讨药品长期动物实验造成潜在致癌性的统计学意义。当药品审评结束时，每个审评员分别写出一份审评报告，交由部门负责人进行汇总分析，并由部门做出是否批准上市的决定。

新药申请审评结束时，药品审评与研究中心将根据审评结果，分别做出同意上市、暂不同意上市或不同意上市三种决定。收到同意上市决定的产品可立即在美国上市；收到暂不同意上市决定的产品，则需就某些细节问题来修改或补充有关资料；收到不同意上市决定的产品，则需进行较大范围的变更或补充资料。

（二）欧盟的新药审评程序

欧盟的药品法规制度是由欧洲药品局和27个成员国的法规制度共同组成的。欧洲药品局将药品上市许可程序分为集中程序、非集中程序、互认程序和成员国程序及特殊审评程序。以下就主要申报途径做简要论述。

1. 集中程序

集中程序是药品在欧盟各国能获得批准上市的重要注册审批程序。现行集中程序的主要依据是欧盟第2001/83/EC号指令和欧盟第EC/726/2004号法规。

通过集中审批程序获得上市许可的药品，可在任意一个成员国的市场自由流通。因此，集中程序申报是药品进入整个欧盟市场最有效率、最迅捷的途径。但从另一个角度讲，集中程序申报也有很高的风险。如果新药申请适用集中程序但未获批准，那么该产品不仅很难有机会通过其他审批程序获得上市许可，甚至现有已获得的成员国上市许可，或通过互认程序获得的一系列上市许可，都有可能受到负面影响。

在欧盟，集中程序主要适用于：(1) 通过特定生物技术工艺生产的药品，这些工艺包括重组DNA技术，编码生物活性蛋白的基因在原核生物和真核生物中的受控表达，杂交瘤细胞单克隆抗体；(2) 先进治疗药品；(3) 用于治疗艾滋病、癌症、神经退化性疾病、糖尿病、自身免疫性疾病、病毒性疾病，且含有未获批准新活性物质的药品；(4) 罕见病用药。[1]上述药品如果未经集中程序授予许可，将不得在欧盟境内上市。[2]

在适用集中程序时，申请人应向欧盟委员会提出上市许可申请。欧洲药品局应确保人用药品委员会在收到有效申请后210日内提供意见。欧盟委员会在认为必要时，可以要求对申请人的药品生产地点进行特别检查，可以未经告知即展开检查，检查员应具有适当的资质，并可由人用药品委员会任命的审查员或专家随行。[3]

---

1 Regulation (EC) No 726/2004, Annex I.

2 Regulation (EC) No 726/2004, Article 3(1).

3 Regulation (EC) No 726/2004, Article 8(2).

欧洲药品局应当在人用药品委员会形成最终意见后15日内，将该意见递交给欧盟委员会、成员国和申请人，并附有药品审评报告，且对结论给出理由说明。[1]欧盟委员会将在收到人用药品委员会的意见15日内，做出是否授予该药品上市许可的最终决定。[2]

集中程序审批所获得的上市许可的有效期为五年，必须在有效期期满前九个月，将延续申请递交给欧洲药品局，当获批延续后，上市许可长期有效。[3]

2. 非集中程序

非集中程序是指，尚未在欧盟任何成员国获得上市许可且不适用集中程序的药品，申请人在欧盟两个以上成员国同时申请上市许可时适用的程序。[4]

申请人应当将一个成员国列为“参照成员国”（Reference Member State），将其他成员国列为“相关成员国”，并基于一份完全相同的档案资料，向两个以上成员国提交上市许可申请。申请人应当请求参照成员国提供关于药品审评报告、产品特征概要、标签及说明书的初稿。[5]

参照成员国应在收到有效申请后120日内准备上述初稿，并递送给相关成员国和申请人。[6]相关成员国应在收到初稿后90日内，批准药品审评报告、产品特征概要、标签及说明书，并通知参照成员国。参照成员国应当记录各方的协议，终结审评程序并告知相应的申请人。[7]收到

1 Regulation (EC) No 726/2004, Article 9(3).

2 Regulation (EC) No 726/2004, Article 10.

3 Regulation (EC) No 726/2004, Article 14(1)、(2).

4 参见陈永法主编：《国际药事法规》，中国医药科技出版社2011年版，第132—133页。

5 Directive 2001/83/EC, Article 28(1)、(3).

6 Directive 2001/83/EC, Article 28(3).

7 Directive 2001/83/EC, Article 28(4).

上述申请的成员国，在收到各方协议之日起30日内，应当根据经批准的药品审评报告、产品特征概要、标签及说明书，做出决定。[1]

3. 互认程序

互认程序是指，药品已经在一个欧盟成员国获得上市许可，通过相互认可，在其他成员国申请上市许可时适用的程序。[2]与集中程序不同，针对互认程序并没有独立的审评机构、程序和技术要求。互认程序以成员国审评程序为基础，通常在各成员国的药品审评部门展开。因此，在欧盟有关药品管理法规中，常把互认程序归入成员国程序项下，而不列为一个独立类别。与成员国程序不同，一旦一个药品经由互认程序审批，且已在第一个成员国获批准，那么互认程序涉及的其他成员国通常要认可第一个成员国批准的决定，也要给予上市许可。

欧盟有关文件规定，互认程序的基本原则为：欧盟的某一成员国经审批而批准上市的药品，其他成员国也应批准该药品在本国上市和销售，除非有充分理由否决。所谓充分理由就是怀疑该产品的安全性、有效性或质量可控性存在严重问题，这些问题有可能对患者的健康造成危害。当各成员国的意见不一致时，欧洲药品局的人用药品委员会有权对药品进行科学评价，然后人用药品委员会将对该药品做出对所有成员国都有约束力的专门决定，各成员国必须服从。[3]

互认程序主要适用于常用药品，此程序使药品能迅速从一个成员国市场进入其他成员国市场。互认程序的优点在于，它不似“集中程序”那样，如果在“集中程序”中药品上市许可遭拒绝，则该药的欧盟上

1　Directive 2001/83/EC, Article 28(5).

2　参见陈永法主编：《国际药事法规》，中国医药科技出版社2011年版，第133页。

3　参见张欣涛、平其能、胡彬：《欧盟药品注册管理浅析》，《中国药事》2009年第4期。

市之门就被关闭。

如果一种药品已经在一个欧盟成员国获得上市许可，即可以将该国作为"参照成员国"，其他成员国应当承认该国授予的上市许可。为此，上市许可持有人需申请参照成员国制作一份药品审评报告，或更新原有的审评报告。参照成员国应当在收到有效申请后90日内，制作或更新审评报告，并将审评报告和经批准的产品特征概要、标签及说明书递送给相关成员国和申请人。[1]

相关成员国应在收到材料后90日内，批准药品审评报告、产品特征概要、标签及说明书，并通知参照成员国。参照成员国应当记录各方的协议，终结审评程序并告知相应的申请人。[2]收到上述申请的成员国，在收到各方协议之日起30日内，应当根据经批准的药品审评报告、产品特征概要、标签及说明书，做出决定。[3]

4. 成员国程序

成员国审评程序属于非集中程序的一种。药品的成员国审评程序是指：欧盟成员国各国药品管理部门按照自己的管理法规和技术要求，对新药进行审评的过程，其适用范围是不需要通过集中程序审评的药品。申请人如要将药品在某个成员国境内上市，则应向该国的药品主管部门提出上市许可申请。[4]

欧盟各成员国有自己的药品法规，各成员国药品审评法规和技术要求并不尽相同。因此，当适用成员国审批程序时，申请人需按各国医药法规及其最新的技术要求递交相应的报告资料。具体而言，如果在某个成员国申请药品上市许可，那么就要依照该国药品管理法规和技术要求，提供相应的申报资料。如果说集中审评程序体现了欧盟药品

1 Directive 2001/83/EC, Article 28(2).

2 Directive 2001/83/EC, Article 28(3).

3 Directive 2001/83/EC, Article 28(4).

4 Directive 2001/83/EC, Article 8(1).

审评标准的协调性、统一性，那么成员国审评程序则凸显了各成员国药品审评标准的独立性和差异性。由此可见，欧盟药品审批实际上是上述统一性和独立性的结合。从互联网上可找到欧盟各成员国药品管理部门的网页，这些网页提供了各成员国药品审评的相关法规、申报程序及技术要求。可以按图索骥地查阅欧盟各成员国药品审评的法规与资料。

5. 特殊审评程序

欧洲药品局的药品审评除标准审评程序外，还包括四种特殊审评程序，分别为：

（1）补充监测（additional monitoring）

对于特定药品，认为其上市后需补充药物安全监测信息，对此类需要特殊监测的药物，用符号“▼”进行着重标记。

（2）附条件许可（conditional approval）

为满足一种严重未获满足的医疗需求，优先批准一种临床研究数据不全面，但是具有积极收益风险评估的药品上市，从而带来积极的公共卫生利益，此类药品用符号“C”进行着重标记。对于此类药品，可要求上市许可持有人采取特定风险管理举措，开展上市后研究，遵守不良反应记录和报告义务，建立药物警戒体系，开展上市后研究。[1]

（3）特殊情况（exceptional circumstances）批准

由于疾病发病率太低，或因为伦理问题无法获取全面临床研究数据时，批准临床研究数据不全面的药品上市，此类药品用符号“E”进行着重标记。在上市后，每年要对此类药品的风险收益平衡予以再评价。通常情况下，也很难通过完善卷宗资料，来将其归入“正常”上市许可的范围。[2]

---

1 Directive 2001/83/EC, Article 21a.

2 Pre-authorisation Guidance, 欧洲药品局官网。

（4）罕见病用药（orphan drug）

欧洲议会于1999年12月16日通过了《罕见病用品条例》，规定了认定罕见病药物的程序，设立了罕见病药物委员会（COMP）。在欧盟，对所有罕见病用药上市应适用集中程序。通过审批的罕见病用药，应用符号“O”进行着重标记。

（三）日本的新药审评

1. 日本厚生劳动省“率先一揽子战略”概要

为鼓励新型药品在日本的研发上市，日本厚生劳动省于2014年6月宣布实施“率先一揽子战略”，计划推进从新药基础性研究到临床研究试验、审查批准、保险适用、海外扩展的一体化机制。该战略在直接促进创新药品研发的措施方面，主要有以下内容。[1]

在基础性研究和临床试验阶段，为进一步促进研究机构中优秀课题的实用化，促进与日本医疗研究开发机构的协同，在确定厚生劳动省科学研究费委托研究课题时，由日本药品与医疗器械管理局（PMDA）向研发机构提供药事战略商谈，优先选择在研究计划中适当反映商谈结论的课题；以在主要学会建立一站式服务体制为目标，由药品与医疗器械管理局和创药支援战略室共同提供个别面谈；对于小儿癌症以及肿瘤等难以由民间主导研究的疑难病症，以将相关研究推进至临床试验阶段为目标，通过厚生劳动省科学支援费向研发机构提供资金支持；在分配研究经费时，向现有药品的适应症外病症应用等药品重定位（drug repositioning）项目适当倾斜，并且优先考虑涉及日本以及东亚地

1　厚生労働省医薬食品局総務課　世界に先駆け革新的医薬品等の実用化を促進するための省内プロジェクトチーム　「先駆けパッケージ戦略～世界に先駆けて革新的医薬品・医療機器等の実用化を促進～」。

区特有疾病的课题，以推动相关研究的进展等。

在行政审批阶段，强化药品与医疗器械管理局的审查体制，在第3期中期目标期末将常勤职员人数上限提高至1 065人，扩大职员任期制的适用范围，导入年薪制；充分利用自主财源，强化审查业务的安全性和迅速性；建立临床试验数据电子提交系统，并在分析所提交的临床试验数据时充分运用建模模拟等先进手段，并以相应的分析结果作为向研究者提供指导的基础；为保障研发机构提交数据的可信性，采用CDISC标准对应等新型适应性调查方法；充分运用事前评价沟通交流制度，在审批开始前的研发阶段即运用能够提交的数据进行事前评价，并为此有计划地强化各类沟通交流机制，以期未来有能力对所有具有医疗上较高必要性的药品，提供研发者所需要的各类沟通交流；扩大英文申请资料的受理范围，并着重培养能够承担相应业务的国际化人才等。

此外，该战略还包含提高药品价格的可预见性、强化制药企业的产业竞争力、扶持中小制药企业、促进国际合作研发、扩大先进药品出口等间接促进创新药品研发的措施。

厚生劳动省在该战略的概要说明中表示，这一战略主要包括两项重点制度：(1) 对率先在日本开发，并在早期临床试验阶段显示出有效性的新型药品予以优先审查，从而尽快完成审批程序的“率先审查指定制度”；(2) 将“未审批药品、非适应症用药品讨论会议”有权对本国制药企业提出研发要求的范围，由现行的欧美已批准药品扩大到符合一定要件的欧美未批准药品，从而使此类药品在本国迅速得到应用的“未审批药品迅速实用化方案”。[1]下文即对这两项重点制度分别予以介绍。

2. 率先审查指定制度

率先审查指定制度是日本自2015年起正式实施的一项药品审查机

1　厚生労働省（MHLW）公式サイト，厚生劳动省官网。

制。根据厚生劳动省《关于率先审查指定制度试行实施的通知》(平成27年药食审查发0401第6号),率先审查指定药品是指,为了缩短审查期间而在药品研发的早期阶段予以指定,在药品审批相关的商谈、审查中优先处理的划时代新药。根据该文件,率先审查指定药品应当满足以下四个要件。

(1)药品本身的划时代性:原则上与已批准的药品具有不同的作用机制,或者虽然与已批准药物的作用机制相同,但首次适用于该类药品适用病症的适应,抑或采用了新型药物传递系统(DDS)等,从而有望大幅提高有效性;

(2)适用病症的严重性:对生命存活具有重大影响,或者因具有无法根治的症状,而使患者长期处于社会生活困难的状态;

(3)针对适用病症的极高有效性:现存对症药品不存在,或者从作用机制等非临床试验数据以及开发初期(第Ⅰ期至第Ⅱ期前期)的临床试验数据来看,具有比现有药品更为显著的有效性或安全性;

(4)在日本率先开展早期研发并申请批准的意愿:计划在日本进行从早期阶段开始的研发过程,并在世界范围内率先向日本申请批准(包括同时向其他国家申请的情形),特别是预计在日本实施首次人体应用实验(FIH)或者概念验证实验(POC)的情形。

希望适用率先审查指定制度的研发机构应当在厚生劳动省的指定期间(通常为每年5月8日至29日)内向其下属的医药与食品局审查管理课进行申报,并接受为期两个月左右的听证和预备审查(通常为每年6月15日至8月21日,如申报药品数量较少则不进行预备审查),最终由审查管理课结合正式审查和药品与医疗器械管理局事前评价的结果做出决定。

根据厚生劳动省《关于率先审查指定制度试行实施的通知》以及相关公开资料,率先审查指定药品在审批环节可以适用以下五项特殊措施:

（1）优先商谈：药品与医疗器械管理局在各项事前商谈期间对此类药品予以优先受理，从而将提交材料到临床试验商谈的所需时间由两个月缩减至一个月。

（2）事前评价：在通常商谈程序之外新设“率先综合评价商谈”等机制，扩大与申请人的沟通渠道，灵活确定各项调查的日程安排，实质上将正式审查环节的各项内容予以前置，并且可以受理英文材料，从而有效加快审批进程。

（3）联络专员：联络专员是药品与医疗器械管理局指定的专门人员，负责在申请人、药品与医疗器械管理局以及厚生劳动省之间，就审批程序进行联络调整，并就药品研发相关的品质管理等事宜与申请人进行商谈。负责该药品审查的部门应当在指定联络专员[1]后最迟一周内，将该人选通知申请人。

（4）优先审查：对此类药品在正式审批时适用优先审查程序，甚至在优先审查程序中优先于其他药品受理，从而将所需期间由十二个月缩减至六个月。

（5）再审查期间延长：对于此类药品是否适用日本《药事法》第14-4-1条中厚生劳动省令指定药品的六年以上十年以下的再审查期间，应当在审查过程中个别判断。再审查期间最长可以设定为十年。

3. 未审批药品迅速实用化方案

厚生劳动省下属“未审批药品、非适应症用药品讨论会议”本来只能就欧美已经批准而日本尚未批准的药品，向本国制药企业提出研发要求。但在“未审批药品迅速实用化方案”实行后，该会议对于符合一定要件的欧美未批准药品也可以提出研发要求。该会议定期面向学

1　日文原词为「コンシェルジュ」，词源为法语concierge（管理人），这里译为“联络专员”。

会以及患者团体等，公开征集希望研发的药品种类，并随时听取制药企业的意见，最终讨论决定应当研发的药品清单，并视具体情况公开招募研发者，或者直接向特定企业提出研发要求。厚生劳动省负责组织临床研究核心医院以及国立高度专业医疗研究中心等机构，积极进行医师主导的临床试验，并取得相关数据，从而充分利用研发企业所需的时间，并为该企业提供良好的研发环境。目前，该会议有权就以下三类药品向本国制药企业提出研发要求。[1]

（1）下列在日本尚未审批的药品

已经取得美国、英国、德国、法国、加拿大、澳大利亚（下称“六国”）中任意一国的批准，且在医疗上具有较高必要性。[2]

（2）下列在日本属于非适应症用药的药品

关于希望应用的非适应症（在效能效果、用法用量两方面或其中一方面与已经批准的适应症存在不同，包括需要追加尚未被日本批准的剂型或者给药途径的情况），符合以下两项基准之一的情形：

第一，已经取得六国中任意一国的批准，且在医疗上具有较高必要性的；

第二，基于一定证据，被确认为在欧美六国已经按照特定的用法用量广为使用，且在医疗上具有较高必要性的。

---

1 厚生労働省（MHLW）公式サイト，厚生劳动省官网。

2 其中，已经取得欧盟批准的药品视为在英国、德国、法国取得了批准。对于“在医疗上具有较高必要性”应当理解为同时符合以下两项判断标准。

（1）适用病症的严重性（符合下列情形之一）：第一，可能导致死亡的；第二，病症的发展不可逆转，并对日常生活产生显著影响的；第三，其他对日常生活产生显著影响的。

（2）医疗上的有用性（符合下列情形之一）：第一，对于未审批药品迅速实用化方案对象药品，本国不存在现有的治疗方法，或者国内外临床试验结果表明其有效性和安全性明显优于现有治疗方法；第二，本国不存在现有的治疗方法，或者欧美临床试验结果表明其有效性和安全性明显优于现有治疗方法，或者在欧美被视为标准疗法，即使考虑到国家间医疗环境的差异，也仍然可以期待其在本国发挥作用的。

(3) 未审批药品迅速实用化方案对象药品

满足下列基准之一，在医疗上具有较高必要性，且尚未取得六国批准的：

第一，国内医师主导的Ⅲ期临床试验正在实施或者已经完成的；

第二，权威学术杂志发表的论文表明该药品相关试验结果良好的；

第三，在先进疗法中取得一定的实际效果的。

(四) 小结

各国药品立法中，多对药物临床试验审批、药品上市许可制度加以规定，规定临床试验审批的程序、条件和时限；根据药品注册分类的不同，规定上市许可时应提交的不同材料，规定许可机关的审查要点和审查程序。我国2019年修订后的《药品管理法》第2章题为“药品研制和注册”，其中第19条规定了药物临床试验申请程序，第24条至第27条则规定了药品上市许可程序。2020年颁布的《药品注册管理办法》第3章题为“药品上市注册”，其中第1节为“药物临床试验”，第2节为“药品上市许可”。我国目前以法律、法规、规章、指导原则、规范性文件等形式，对药品临床试验审批、药品上市许可的申报资料要求、审批程序、审查条件、审查要点、审查时限加以规定。

与国外类似，我国引入了药物临床试验默示许可制度。《行政许可法》第38条规定：“申请人的申请符合法定条件、标准的，行政机关应当依法做出准予行政许可的书面决定。”2019年版《药品管理法》第19条规定，国务院药品监督管理部门应当自受理临床试验申请之日起60个工作日内决定是否同意并通知临床试验申办者，逾期未通知的，视为同意。《药品管理法》第19条的规定蕴涵了以下制度安排：(1) 药物临床试验许可制度依然存在，申请人依然要在完成支持临床试验的药学、药理毒理学等研究后，提出临床试验申请，并按照申报资料要求提交相关研究资料；[1]（2）国务院药监部门有是否同意药物临床试验许可的裁量权，可以在60个工作日决定“是否同意”；（3）国务院药品监督管理部门在受理申请60个工作日内做出是否许可的决定，采取一定形式“通知”临床试验申办者；（4）药物临床试验许可的时限可以短于60个工作日，但最长不超过60个工作日；（5）当受理申请之日超过60个工作日且未通知申请人时，国务院药品监督管理部门的行政裁量权收缩至零，即“默示即同意”，视为同意了申请人许可，申请人可以按照提交的方案开展药物临床试验。

推进药物临床试验默示许可制度的实施，需要药品监管机构和申请人等利益相关方的共同努力。申请人应基于拟开展的临床试验方案进行申报前的沟通交流，更好地准备临床试验申请资料，确保临床试验方案的完整性、科学性、准确性，确保临床试验方案符合伦理原则。[2]

就药品上市许可而言，法律规定了药品注册证书制度，规定申请药品注册，应当提供真实、充分、可靠的数据、资料和样品。[3]法律还规定，上市许可审查要点包括药品的安全性、有效性和质量可控性，以及申请人的质量管理、风险防控和责任赔偿等能力。[4]

申请人在完成支持药品上市许可的药学、药理毒理学和药物临床试验等研究，确定质量标准，完成商业规模生产工艺验证，并做好接受药品注册核查检验的准备之后，提出药品上市许可申请，按照申报资料要求提交相关研究资料。经对申报资料进行形式审查，符合要求的，予以受理。[5]药品审评中心应当组织药学、医学和其他技术人员，按要求对

1 参见《药品注册管理办法》第23条。

2 参见宋华琳、吴凡：《药品注册制度的法律创新》，《市场监督管理》2020年第9期。

3 参见《药品管理法》第24条。

4 《药品管理法》第25条。

5 《药品注册管理办法》第34条。

已受理的药品上市许可申请进行审评。药品审评中心根据药品注册申报资料、核查结果、检验结果等，对药品的安全性、有效性和质量可控性等进行综合审评。[1]综合审评结论通过的，批准药品上市，发给药品注册证书。综合审评结论不通过的，做出不予批准决定。[2]

四、加速审评程序

2015年8月，国务院在《关于改革药品医疗器械审评审批制度的意见》中提出，鼓励以临床价值为导向的药物创新，优化各环节资源配置，提升审评审批效率。2019年版《药品管理法》设定了儿童用药品优先审评审批制度，[3]要求对临床急需的短缺药品、防止重大传染病和罕见病等疾病的新药予以优先审评审批。[4]在2020年重新颁布的《药品注册管理办法》中，结合我国医药产业发展和临床治疗需求实际，参考国际经验，系统增设了"药品加快上市注册程序"章节，将突破性治疗药物程序、附条件批准程序、优先审评审批程序、特别审批程序予以体系化、制度化。

（一）美国药品加速审评程序

FDA对药物创新的鼓励措施是以临床应用为导向，主要针对有潜力治疗严重的和危及生命的疾病的新药、较已上市药品有显著改进的药品，根据不同特点，设有四种新药加速审评通道，即优先审评、快速通道、突破性疗法、加速许可。

1　《药品注册管理办法》第38条。
2　《药品注册管理办法》第39条。
3　《药品管理法》第16条。
4　《药品管理法》第96条。

从20世纪70年代开始，FDA就一直因药品审评程序过于延宕繁冗而备受指责。批评者认为，药品审评过程过于“小心谨慎”，使得美国新药审批时间要落后于加拿大、英国、北欧、日本等国家和地区；新药上市的“药滞”（drug lag）现象阻碍了产业竞争力，并使得美国公众没能获得应有的健康服务和药物治疗。甚至还有人将FDA称为“美国先驱产业的杀手”。[1]

FDA始终面对要求其在药品审评方面放松规制的强大压力。1997年11月21日，克林顿总统签署了《食品药品管理局现代化法》。这部法律构成了对美国1938年《联邦食品、药品与化妆品法》的重要修正，它强调FDA的任务不仅在于维护药品的安全性和有效性，还要以及时的方式对新药加以审评。为此，这部法律中设计了“快速通道程序”，还设计了其他促进药品加速审评的程序，并强调促进FDA在药品监管领域的国际协调。

1. 优先审评

在优先审评程序尚未问世时，在美国上市的每一种药物都必须经过FDA详细的审查程序。1992年，根据《处方药使用者费用法》的规定，FDA同意缩短新药审评的时间，创设了标准审评和优先审评体系。优先审评的目标时限为六个月，而标准审评是十个月。优先审评主要针对能够在治疗、诊断或预防疾病方面比已上市药品有显著改进的药品上市申请。[2]

药品审评适用优先审评程序的标准是：FDA认为，初步审评表明，对于治疗严重或危及生命的疾病的药品，如果获得许可，那么在治疗、诊断或预防严重或危及生命的疾病时，相较于现有治疗而言，将在安全或有效性上实现显著改善。显著改善的示例包括：（1）在疾病的治疗、

1 宋华琳：《美国药品加速审评程序研究》，《中国处方药》2007年第10期。

2 CDER, 2015 Novel Drugs Summary, FDA, 8-9 (2016).

预防或诊断中，增加了治疗有效性的证据；（2）与治疗相关的不良反应消失，或有了实质性减少；（3）预期可以提高患者的依从性，减轻严重后果；（4）在新的亚群中，出现安全性和有效性的证据。

法律有特别规定的部分药品，也将适用或可能适用优先审评。优先审评适用的药品主要包括治疗特定热带病、儿科罕见病和适格感染性疾病的药品。

2. 快速通道

如果某种新药意在单独或与一种或多种药品联合使用，用于治疗严重的或危及生命的疾病或症状，且证实有可能满足该疾病或症状目前尚未满足的医疗需要，或是经部长认定为适格的抗感染药品，部长将根据申办者的申请，为研发提供便利并加速审评。这样的新药被称为快速通道药品。[1]快速通道认定适用于单独使用或者与其他药品联合使用的药品，以及正在研究的药品的特定用途。这里的“药品”可以包括两种或多种药品的组合。在适当时，对于已批准药品的新用途，也可能获得快速通道认定。

对是否适用快速通道程序的判定，一方面，要判断何为严重的状况，需要判断如果不给予相应的治疗，患者是否能够存活，健康状况是否日趋下降，病灶是否会向越来越恶劣的方向发展。艾滋病、阿尔茨海默病、心绞痛等疾病都构成“严重的状况”。另一方面，药品能否适用快速通道审评程序，还取决于它是否能对“严重的状况”的某一方面加以治疗。

FDA在确定是否适用快速通道程序时，还应判断其是否有可能弥补目前无法满足的医疗需要（unmet medical needs），并审查申请人是否提供了相应研究信息作为佐证。无法满足的医疗需要是指已有的治疗方法不敷现实之需。这包括不存在合适的治疗方法，以及申请的新药

1　FD&CA, Section 506(b)(1).

能对症状有显著的改善，能形成新的组合治疗方法，能带来药物毒性、耐受性等方面的改进。

快速通道程序申请可以和研究用新药申请一并递交。申请人应递交相关资料，证明所开发药物能治疗严重的或威胁生命的疾病，有可能满足目前无法满足的医疗需要。因此，申请人必须对严重的状况及无法满足的医疗需要加以确证，并说明在研究开发过程中，特别是在临床试验中，如何对药物的潜能加以试验和确证。

申办者要求将药品认定为快速通道药品的申请，应与研究用新药申请同时提出，或者在研究用新药申请之后提出。[1]但实践中，快速通道程序的申请应该在FDA就新药申请同申请人进行会晤之前，否则这一程序就失去了实在意义。[2]

部长应在收到快速通道申请后60日内，决定该药品是否符合法定标准，发出认定函(designation letter)或不认定函(nondesignation letter)。[3]如果FDA认为可以适用快速通道对相应药品进行审评，则将发出认定函：(1) 宣称针对特定严重症状的治疗，批准适用快速通道程序来审评药品；(2) 指出申办者设计和实施的研究，需能证实该药品可满足尚未满足的医疗需要；(3) 对申办者提出警示，要求其药物研发项目持续符合认定快速通道的标准。

如果FDA认为，快速通道认定申请是不完整的，或者该药品研发项目未能满足快速通道认定的标准，它将发给申办者不认定函表示不准予适用快速通道进行审批，并说明决定的理由。

对进入快速通道的药物，FDA将早期介入，就临床试验方案提出指导意见，以达到让该产品在研发过程中少走弯路，加快整个研发过程的

1 FD&CA, Section 506(b)(2).

2 宋华琳：《美国药品加速审评程序研究》，《中国处方药》2007年第10期。

3 FD&CA, Section 506(b)(3).

效果。另外，制药企业还可分阶段递交申报资料，而不需要一次性递交全部材料才进行审评，即适用滚动审评程序。[1]FDA的审评将以所治疗疾病的严重状况为基础，并秉承风险效益原则。

3. 突破性疗法

如果某种药品意在单独或者与一种或多种药品联合使用，用于治疗严重的或危及生命的疾病或症状，而且初步的临床证据表明，与现有治疗方法相比，在一个或多个重要临床终点上，该药品可能确有实质性改善，例如，在临床研发早期观察到实质性治疗效果，那么根据申办者的申请，部长应当加速该药品的研发和审评。这样的药品适用突破性疗法程序。[2]

突破性疗法程序的认定需满足两个条件：一是适应症为严重的或危及生命的疾病；二是初步的临床证据表明，与现有治疗方法相比，在一个或多个重要临床终点上，可以证实该药品相对已有治疗方案有实质性改善。[3]这取决于药品在重要临床终点时，疗效是否有所改进，疗效持续多久，疗效对治疗严重症状有着怎样的重要意义。

通常，相对于已有疗法而言，初步治疗证据应当具有明显的优势。[4]证实实质性改善的路径包括：（1）相对于已有疗法而言，新药能产生更强或更重要的响应。（2）如果不存在已有的可行治疗方案，相对于安慰剂或有完好文件记录的历史对照而言，新药显示了实质性的和具有临床意义的效果。（3）在对照研究或有完好文件证明的病例对照研究中，与可用疗法相比，新药与可用疗法叠加，会产生更强或更重要的响应。

1　Fast Track, FDA官网。

2　FD&CA, Section 506(a)(1).

3　CDER, CBER, Guidance for Industry, *Expedited Programs for Serious Conditions-Drugs and Biologics*, FDA, 10 (2014).

4　CDER, CBER, Guidance for Industry, *Expedited Programs for Serious Conditions-Drugs and Biologics*, FDA, 12 (2014).

（4）已有治疗方案仅能治疗疾病的症状，新药则对病因有实质性的、具有临床意义的效果，且初步临床证据表明，该药品在长期内很可能有治愈疾病的效果。（5）新药逆转或阻却了疾病的进展，而已有治疗方案只是改善了症状。（6）已有治疗可能会导致严重不良事件，乃至可能导致治疗中断，新药则有重要的安全性优势，并有类似的有效性。[1]

部长应在收到申办者申请后60日内做出决定，该药品是否符合突破性疗法的法定标准。如果部长认为该药品符合标准，那么他应将该药品认定为突破性疗法，并采取适当行动以加速该药品的审评。[2]

对于认定为突破性疗法的药品，可能采取加速审评的行动包括：（1）在药品研发全过程中举行申办者与审评团队的会议；（2）就药品研发为申办者提供及时的建议和交互沟通，以确保有效率地收集非临床数据和临床数据；（3）适当时，在协作的跨学科审评中纳入高级管理人员和有经验的审评人员；（4）为药品审评团队分配一个跨学科的项目负责人，并使其作为审评团队与申办者的科学联络人，为研发项目的有效审评提供便利；（5）采取措施确保临床试验设计尽可能有效率；[3]（6）可适用滚动审评。在对申办者提交的临床数据进行初步评估后，可以在申办者提交完整的申请之前，先行对部分资料进行审评，然后对之后提交的资料进行滚动审评。[4]

4. 加速许可

加速许可（accelerated approval）意在鼓励FDA使用创新和灵活的路径，来审评用于治疗严重的或危及生命的疾病或症状，且可以满足尚

---

1 CDER, CBER, Guidance for Industry, *Expedited Programs for Serious Conditions-Drugs and Biologics*, FDA, 12 (2014).

2 FD&CA, Section 506(a)(3)(A).

3 FD&CA, Section 506(a)(3)(B).

4 CDER, CBER, Guidance for Industry, *Expedited Programs for Serious Conditions-Drugs and Biologics*, FDA, 14 (2014).

未被满足的治疗需要的药品。[1]

如药品用于治疗严重的或危及生命的疾病，而且该疾病仅有有限的治疗选择，在考虑是否适用加速许可时，FDA应当考虑的是“疾病的严重性、罕见性或普遍性”，FDA具有一定意义上的程序裁量权，来选择是否适用加速许可程序。[2]

只有药品所带来的治疗收益要显著优于现有治疗方案时，才能适用加速许可。根据《食品药品管理局创新与安全法》第901条，FDA在适用加速许可程序时，应“考虑替代治疗的可获得性，或是否缺乏替代治疗方案”。FDA在决定是否适用加速许可程序时，具有一定的灵活性。有时可能没有可证实的直接疗效或安全性优势，但如果药品能避免已有治疗方案的严重毒性，或者能减少有害的药物相互作用，或者能改善患者的依从性，也认为该药品带来了比现有治疗更有意义的治疗收益。[3]

若适用加速许可程序，需证实在某一终点的疗效很可能合理预示其临床收益。FDA在判断某一终点是否很可能合理预见临床收益时，有权考虑“流行病学、病理生理学、治疗学、药理学或使用生物标记发现的其他证据，或者其他科学方法或工具”以及其他数据。[4]

在特定情形下，可能撤销通过加速许可程序授予的药品许可，例如：(1)申办者未能尽责地对该药品进行应展开的某项许可后研究；(2)研究意在验证和描述该药品对不可逆转的发病率或死亡率的预期效果或其他临床收益，但未能验证和描述这种效果或收益；(3)有其他

1　FD&CA, Section 506(e)(1).

2　CDER, CBER, Guidance for Industry, *Expedited Programs for Serious Conditions–Drugs and Biologics*, FDA, 15 (2014).

3　CDER, CBER, Guidance for Industry, *Expedited Programs for Serious Conditions–Drugs and Biologics*, FDA, 5 (2014).

4　FD&CA. Section 506(c)(1)(B).

证据证明，这种药品在这种条件下使用并非安全、有效；（4）申办者散发了与该药品相关的错误的或误导性的促销资料。[1]

适用加速许可程序的批准往往是附条件许可，批准的基础为药品具有可观察到的显著短期临床效果，而长期临床疗效则有待进一步研究证明。[2]加速许可的典型示例是格列卫（Glivec），该药由于在治疗白血病急性发作上的特殊疗效获准纳入加快审批，花了三个月时间，只做了几十例的临床试验就获准上市。加速审批旨在使患者早日得到重要的新药治疗。

美国、欧洲和日本都是国际人用药品注册技术要求协调会（ICH）的创始成员单位，在药品注册审评方面采用许多相同或相似的技术指南，但在新药审评速度方面，美国明显快于欧洲和日本，很多全球创新性药品率先在美国获得上市许可。2022年，FDA共批准37种新药，其中29种新药系全球首次上市，首次上市药品的占比高达78%。

尽管四种快速审评途径的评判标准各不相同，但一种新药往往可以同时适用不止一种快速审评途径。例如，2022年，FDA共批准37种新药，其中24种新药适用快速审评程序，占总数的65%。其中纳入快速通道的新药12种，占32%；纳入突破性疗法通道的新药13种，占35%；纳入加速许可通道的新药6种，占16%；纳入优先审评通道的新药21种，占57%。[3]

美国这四种加速审评途径的主要异同点如表2-1所示：

---

1 FD&C Act, Section 506(c)(3).

2 Accelerated Approval, FDA官网。

3 New Drug Therapy Approvals 2022: Advancing Health Through Innovation, FDA官网。

表2-1　四种新药加速审评程序比较

	快速通道	突破性疗法	优先审评	加速许可
法律依据	《联邦食品、药品与化妆品法》第506(b)条，1997年《食品药品管理现代化法》第112条以及2012年《食品药品管理安全及创新法》第901条	《联邦食品、药品与化妆品法》第506(a)条，2012年《食品药品管理安全及创新法》第902条	《处方药使用者费用法》	《联邦法规汇编》第314条(H)款以及第601(E)条款，《联邦食品、药品与化妆品法》第506(c)条，《食品药品管理安全及创新法》第901条
评判标准	用于治疗严重疾病，且临床或非临床数据显示可填补临床用药空缺的新药；或是被认定为抗感染的新药	用于治疗严重疾病且初步临床试验数据显示，对现有疗法具有明显改善的重要临床终点表现的新药	用于治疗严重疾病且一旦获得批准，对现有疗法的安全性或有效性具有显著改善的新药，可以是首次新药申请，也可以是已上市药品的疗效补充申请；或是根据《联邦食品、药品和化妆品法》第505A条规定，开展儿科用药研究而修订说明书的补充申请；或是被认定为抗感染的新药；或是治疗某些热带疾病的新药	用于治疗严重疾病且对现有疗法具有优势，且显示具有改善代理终点表现的新药

续 表

	快速通道	突破性疗法	优先审评	加速许可
申请递交时间	可在递交研究用新药申请同时递交或在之后递交，最好不晚于新药申请前会议或生物制品申请前会议	可在递交研究用新药申请同时递交，或在之后递交，最好不晚于Ⅱ期临床试验结束会议	在递交新药申请或生物制品申请时，或递交相关补充申请时	申请人应在新药研发过程中与FDA审评人员沟通，探讨可否应用代理终点指标，以及开展验证性临床试验等问题
FDA回应申请时限	在申请收到后60个自然日内，做出是否同意纳入快速通道的决定	在申请收到后60个自然日内，做出是否同意纳入突破性疗法的决定	在申请收到后的60个自然日内，做出是否同意纳入优先审评的决定	无明确规定
特点	加快审评，且不要求一次性递交全部材料，允许边补充材料边审评	FDA加强研发指导，且不要求一次性递交全部材料，允许边补充材料边审评	六个月内完成审评	基于代理终点或中期临床终点做出审评决定

（二）欧盟的特殊审评通道

欧盟特殊审评通道包含加速审评（accelerated assessment）、附条件上市许可（conditional marketing authorisation）、特例批准和优先药物计划（priority medicines，简称PRIME）四种模式，旨在为尽早满足公共健康需求的新药提供便利的政策条件。欧盟药品特殊审评通道针对具有临床价值优势的创新药，采取缩短审评时间、简化数据要求等政策手段，以加快药品上市，其特点体现为“多样性”“广覆盖”的理念。“多样性”是指不同特殊审评通道采取不同评判标准，可适应不同药品加速上市的需求，且可多通道联合应用。“广覆盖”是指各通道的作用区间覆盖了药品从研发、注册上市到上市后监管的全生命周期。[1]

1. 加速审评

在欧盟，当从公共健康的角度，特别是从治疗创新的角度，认为一项药品上市许可申请具有重大意义时，申请人可以申请适用加速审评程序。该申请应当有充分的证据。[2]加速审评程序针对预期重大公共健康获益的药品，特别是创新药，要求有完整的临床研究数据，优先配置审评资源，审评时间由210日缩短至150日。

2. 附条件上市许可

附条件上市许可适用于正常按照技术指南要求开展临床试验的，用于治疗、预防或诊断严重损害身体状况的疾病的药品，预期用于紧急情况的药品和罕见病用药。监管部门认为，该产品上市对公共健康带来的益处高于由于缺少详细数据带来的风险，可满足未满足的医疗需求，且申请人很可能进一步提供全面的数据，因此可在临床前数据、药学数据不完备的情况下，允许授予有效期一年的附条件上市许可。[3]此类附条件上市许可要求申请人开展上市后研究，在一定期限内补充全面的数据，在履行该义务后，通过再注册程序将附条件上市许可转化为无义务限制的上市许可。[4]

1　参见吴宏辉、宋海波、张力、杨天绎等：《欧盟特殊审评药品上市后安全监管措施研究》,《药物评价研究》2021年第6期。

2　Regulation (EC) No 726/2004, Article 14(9).

3　Regulation (EC) No 726/2004, Article 14a.

4　参见孙咸泽、李波、王翔宇、杨进波、余欢、顾光：《欧盟药品审评审批制度对我国的启示》,《中国食品药品监管》2017年第11期。

3. 特例批准

允许在例外情况（exceptional circumstance）下，如针对新发现但不能清楚解释治疗原理的药品，或是伦理原因导致不能获得完整临床资料的情况，当无法获得完整安全有效数据时，可以简化申报材料数据完整性规定要求，让难以获得完整数据的罕见病药品、抗肿瘤药品及其他临床急需药品获得上市。

特例批准药品的授权期为五年，不需要进行年度再注册，但需接受年度再评价（annual reassessment），监管部门将根据上市后收集的安全性数据，来对被批准药品的风险和收益加以衡量，并做出维持、更改、撤销或转正授权状态的决定。[1]

4. 优先药物计划

2016年欧盟出台了优先药物计划，优先药物计划需满足两点要求：第一，存在未满足的临床需求，例如，没有令人满意的诊断、预防或治疗方法，或者该药品具有显著的治疗优势；第二，说明该药品具有临床价值潜力，能满足未满足的临床需求，能改进公共健康。申请人可以在探索性临床试验研究阶段，根据患者初步临床证据的可用性，提交适用优先药物计划的申请。[2]

对于适用优先药物计划的新药，指定人用药品委员会或先进疗法委员会的官员，与申请者在药物研发阶段开展沟通交流；召开由委员会官员、多学科专家和申请人参加的启动会，为研究方案和监管策略提供指南；上市申请时自动适用加速审评通道；若条件支持，也可为其适用附条件上市许可和特例批准通道提供科学建议。[3]

1　参见吴宏辉、宋海波、张力、杨天绎等：《欧盟特殊审评药品上市后安全监管措施研究》，《药物评价研究》2021年第6期。

2　参见袁利佳、汪小燕、杨志敏、张宁：《突破性治疗药物程序在药品注册体系中的作用及展望》，《中国药事》2022年第9期。

3　PRIME: priority medicines，欧洲药品局官网。

（三）日本的优先审评程序

日本《药事法》第14条规定，除了经厚生劳动大臣制定基准予以指定的药品，任何药品的生产销售均须经过厚生劳动大臣批准方可实施。其中，该条第7项特别规定，所申请的药品如属于罕见病用药，或者被认为在医疗方面具有较高必要性，则可以在对该药品进行基于该条第2-3项或第6项的审查（即对该药品本身的名称、成分、分量、用法、用量、效能、效果、副作用等质量、有效性和安全性情况的审查，以及对该药品生产者的生产管理和质量管理情况的审查）时，优先于其他药品办理。

由此可见，优先审查所适用的对象为罕见病用药以及其他"在医疗方面具有较高必要性"的药品，包括但不限于新药。厚生劳动省2016年1月修订的《优先审查办法》（平成28年药生审查发0122第12号、药生机发0122第2号）将优先审查程序的适用对象进一步确定为以下三类：（1）罕见病用药。（2）率先审查指定药品。（3）符合下列要件的新药：第一，适用病症的严重性，可能导致死亡，或者病症的发展不可逆转，且对日常生活产生显著影响；第二，医疗上的有用性，与现存特效药相比，在有效性或安全性方面明显具有优越性，即治疗、预防、诊断方法尚不存在，或者从有效性、安全性、患者身心负担的角度看比现有的治疗、预防、诊断方法更加优越。

如上所述，所申请的药品如属于已经认定的"罕见病用药"或"率先审查指定药品"，可以直接适用优先审查程序。而对于其他新药，则由药品与医疗器械管理局在听取专家意见的基础上，形成是否适用优先审查程序的意见，并向厚生劳动省报告。厚生劳动省下属的医药生活卫生局审查管理课基于该报告做出决定，并将结果告知药品与医疗器械管理局和申请人。

申请人可以事先与药品与医疗器械管理局就该药品能否适用优先审查进行商谈，并将药品与医疗器械管理局的评价报告书附于优先审查申请书中一并提交。在据以做出评价的事项没有发生特别变化的前提下，该报告书将作为最终决定的依据之一。

对于适用优先审查程序的药品，药品与医疗器械管理局将在审批的各个阶段，在可能的限度内对其进行优先审查。按照药品与医疗器械管理局的统计数据，2013年度通常审查期间的中位数为11.1个月，而优先审查期间的中位数为8.7个月。按照厚生劳动省《优先审查办法》《关于率先审查指定制度试行实施的通知》的要求，药品与医疗器械管理局的目标是将通常审查期间控制在12个月以内，将优先审查期间控制在9个月以内，其中率先审查指定药品的优先审查期间控制在6个月以内。

通过对比优先审查程序和通常审查程序，以及分析前文所述的各类药品的配套支持措施，可以发现，日本监管机构并未对新药审批程序进行简化，而是通过调整优先顺序、扩大沟通渠道、增加人员配置等方式，灵活确定对申请人较为有利的审查日程，将实质性审查内容前置到研发阶段，随时与药品研发企业交换意见，了解研发、生产、销售各环节的实际状况和需求，从而大幅提高正式审批程序的效率，加速此类药品的实用化进程。这种将实质审查前置以提高效率的思路，对我国药品审评改革具有重要的借鉴意义。

（四）我国药品加快上市注册程序的建构

创新是推动药品质量发展的源头活水。鼓励药物创新，着力满足人民群众用药急需，是近年来药品审评审批制度改革的核心任务之一。《药品管理法》第20条是关于国家支持和鼓励药物创新发展的规定。该条款进一步明确了支持和鼓励药物创新的具体方向，支持以临床价值为导向、对人的疾病具有明确或者特殊疗效的药物创新，鼓励具有新的治疗机理、治疗严重危及生命的疾病或者罕见病、对人体具有多靶向系统性调节干预功能等的新药研制，推动药品技术进步。在《药品管理法》《药品注册管理办法》中，在借鉴国际经验的基础上，结合我国实际情况，对"药品加快上市注册程序"进行了制度化安排，规定了突破性治疗药物程序、附条件批准程序、优先审评审批程序、特别审批程序。

1. 突破性治疗药物程序

《药品注册管理办法》第4章第1节题为"突破性治疗药物程序"。药物临床试验期间，用于防治严重危及生命或者严重影响生存质量的疾病，且尚无有效防治手段或者与现有治疗手段相比有足够证据表明具有明显临床优势的创新药或者改良型新药等，申请人可以申请适用突破性治疗药物程序。[1]实施突破性治疗药物认定的最终目的，在于通过早期临床研究数据发现具有突出临床优势的药物，缩短其研究开发周期，使得罹患严重危及生命或严重影响生存质量疾病的患者早日获得更好治疗。[2]

国家药品监督管理局于2020年7月颁布了《突破性治疗药物审评工作程序（试行）》，规定了突破性治疗药物程序的适用范围、适用条件，解释了何为"严重危及生命""严重影响生存质量""显著改善"，对申请、审核、公示纳入、临床试验研制指导、终止程序加以规定。

对纳入突破性治疗药物程序的药物临床试验，所给予的政策支持是：(1) 申请人可以在药物临床试验的关键阶段向药品审评中心提出沟通交流申请，药品审评中心安排审评人员进行沟通交流；(2) 申

1　参见《药品注册管理办法》第59条。

2　参见袁利佳、汪小燕、杨志敏、张宁：《突破性治疗药物程序在药品注册体系中的作用及展望》,《中国药事》2022年第9期。

请人可以将阶段性研究资料提交至药品审评中心，药品审评中心基于已有研究资料，对下一步研究方案提出意见或者建议，并反馈给申请人。[1]

截至2022年7月13日，我国已将111件突破性治疗药物申请纳入突破性治疗药物程序，其中占比最高的为抗肿瘤药物，占比58%；占比第二的为血液系统疾病药物，占比8%；占比第三的为循环系统及抗感染药物，占比7%。[2]依据《药品注册管理办法》第68条的规定，纳入突破性治疗药物程序的药品，当具有明显临床价值时，可以申请适用优先审评审批程序。

目前，突破性治疗药物程序体现于部门规章之中，未体现于《药品管理法》的规定之中，建议在修改后的《药品管理法实施条例》中，写入突破性治疗药物程序。应明确突破性治疗药物申请递交数据的要求，制定并公开突破性治疗药物审评管理规范。[3]

2. 附条件批准程序

美国、欧盟都设置了药品审评的附条件许可制度。在我国，附条件批准是为了鼓励以临床价值为导向的药物创新，加快具有突出临床价值的临床急需药品上市。《药品管理法》第26条设定了药品附条件批准制度，规定对“治疗严重危及生命且无有效治疗手段的疾病”以及“公共卫生方面急需的药品”，“药品临床试验已有数据显示疗效并能预测其临床价值的”，可以附条件批准。《疫苗管理法》第20条规定了疫苗附条件批准制度。当适用疫苗附条件批准程序时，申请上市的疫苗需为“应对突发重大公共卫生事件急需”或“国务院卫生健康主管部门

1　参见《药品注册管理办法》第61条。

2　李瑶：《突破性治疗药物密集上市　孔繁圃：科学审评精准发力》，《医药经济报》2022年8月4日第1版。

3　参见袁利佳、汪小燕、杨志敏、张宁：《突破性治疗药物程序在药品注册体系中的作用及展望》，《中国药事》2022年第9期。

认定急需的其他疫苗”，当经评估收益大于风险时，国务院药品监督管理部门可以附条件批准疫苗注册申请。对于符合附条件批准要求的药品，可以申请适用优先审评审批程序。[1]

附条件批准体现了行政的羁束性与灵活性、依法行政与行政弹性的平衡，[2]可将其视为行政行为的附款，附款是行政机关将条件、期限、负担或保留废止权等附加于行政行为主要内容之上的意思表示，也是对行政行为主要规制内容的进一步补充和限制。[3]对附条件批准的药品而言，在药品注册证书中需载明附条件批准药品注册证书的有效期、上市后需要完成的研究工作及完成时限等相关事项。行政机关对这类药品科以后续负担，持有人应在药品上市后采取相应的风险管理措施，并在规定期限内完成药物临床试验等相关研究。[4]行政机关还为这类药品设定了“废止权的保留”，当持有人逾期未按照要求完成研究或者不能证明药品的收益大于风险的，国家药品监督管理局应当依法处理，直至吊销药品注册证书。[5]

3. 优先审评审批程序

申请药品上市许可时，具有明显临床价值的药品，可以申请适用优先审评审批程序，具体情形包括：（1）临床急需的短缺药品、防治重大传染病和罕见病等疾病的创新药和改良型新药；[6]（2）符合儿童生理特征的儿童用药品新品种、剂型和规格；[7]（3）疾病预防、控制急需的

1　参见《药品注册管理办法》第68条。

2　参见赵宏：《法治国下的目的性创设——德国行政行为理论与制度实践研究》，法律出版社2012年版，第405页。

3　参见刘宗德：《通讯传播行政处分附款之容许性及合法性论议》，《月旦法学杂志》2012年第10期。

4　《药品注册管理办法》第66条。

5　《药品注册管理办法》第67条。

6　参见《药品管理法》第96条。

7　参见《药品管理法》第16条第3款。

疫苗和创新疫苗；[1]（4）纳入突破性治疗药物程序的药品；（5）符合附条件批准的药品；（6）国家药品监督管理局规定其他优先审评审批的情形。[2]

申请人在提出药品上市许可申请前，应当与药品审评中心沟通交流，经沟通交流确认后，在提出药品上市许可申请的同时，向药品审评中心提出优先审评审批申请。符合条件的，药品审评中心按照程序公示后纳入优先审评审批程序。

对纳入优先审评审批程序的药品上市许可申请，给予以下政策支持：（1）药品上市许可申请的审评时限为130日；（2）临床急需的境外已上市境内未上市的罕见病药品，审评时限为70日；（3）需要核查、检验和核准药品通用名称的，予以优先安排；（4）经沟通交流确认后，可以补充提交技术资料。

4. 特别审批程序

《药品注册管理办法》第72条至第75条规定了特别审批程序，在发生突发公共卫生事件的威胁时以及突发公共卫生事件发生后，国家药品监督管理局可以依法决定对突发公共卫生事件应急所需防治药品实行特别审批。[3]对实施特别审批的药品注册申请，国家药品监督管理局按照统一指挥、早期介入、快速高效、科学审批的原则，组织加快并同步开展药品注册受理、审评、核查、检验工作。特别审批的情形、程序、时限、要求等按照药品特别审批程序规定执行。[4]

在2020年新冠肺炎蔓延的背景下，国家药品监督管理局推进特别审批工作，按程序将59件中药、化学药、生物制品注册申请纳入特别审

---

1 参见《疫苗管理法》第19条第2款。

2 《药品注册管理办法》第68条。

3 《药品注册管理办法》第72条。

4 《药品注册管理办法》第73条。

批程序，并完成技术审评。[1]目前，2005年颁布的特别审批程序已滞后于2019年以来修订的《药品管理法》《药品注册管理办法》的规定，建议以规范性文件的形式，颁布《药品特别审批工作程序》，规定当适用药品特别审批程序时，具体如何简化程序，如何实现相关部门的早期介入；规定申报资料实施滚动递交，做到资料随到随审。[2]

5. 述评

药品审评应该保持怎样的速度，这其实是在不同价值序列之间的衡量，特别是在确保患者治疗药物的可得性及药品的安全性有效性之间的衡量。我们不能一味追求兵贵神速，强调加快药品审评的速度，而忽略或减损了对消费者权益的保护；但是，如果药品审评速度过慢，将会影响到医药产业的活力，乃至阻碍我国药品自主研究开发能力的提高。应明确药品加快上市注册程序的范围，同时应明确申请材料的内容和审查程序的要点，明确将特定药品纳入某种药品加快上市注册程序所需考虑的因素，进而做出客观公正的决定。防止少数企业利用药品加快上市注册程序规避通常的法定程序和要求，在市场上获得不正当竞争优势。[3]

从国外的药品加快注册程序中，可以概括出如下四个特点：

第一，政策工具目标清晰，体现风险收益评估。国外的药品加快注册程序始终以满足患者需求为导向，其核心理念在于解决未满足的临床需求。并非所有具有全新分子结构的新药都能适用加快注册程序，加快注册程序关键在于满足临床未满足的需求，包括治疗严重危及生命且尚无有效治疗手段疾病的药品，包括有证据表明具有明显临床优势的药品。

1　《2020年度药品审评报告》，国家药品监督管理局官网。

2　参见吴忠虹、董丽、顾玲玲：《新冠肺炎疫情下关于我国药品特别审批程序的思考》，《中国处方药》2022年第9期。

3　参见宋华琳：《美国药品加速审评程序研究》，《中国处方药》2007年第10期。

第二，为加快上市注册程序配备具体的审评政策工具包。例如，安排审评人员进行沟通交流，在申报前举行利益相关方参加的沟通交流会，减少对临床前数据、临床数据资料的要求，纳入优先审评轨道，可滚动提交申请资料，基于风险收益原则进行评价，缩短审评时限等。

第三，实行动态管理。审评过程中，发现纳入特定类别加快上市注册程序的药品注册申请不能满足该类别条件的，应当终止适用该类加快注册程序，按正常程序进行审评。

第四，通过上市后监管措施来控制药品风险。列入加快上市注册程序意味着药品审评过程得到提速，对申报资料和数据方面的要求有所减免，客观上会加剧相应药品的安全风险。因此，对于依照加快上市注册程序获批的药品上市许可持有人而言，更应遵守法定要求，制定药品上市后风险管理计划，主动开展药品上市后研究；[1]及时开展药品上市后不良反应监测，主动收集、跟踪分析疑似药品不良反应信息，对已识别风险的药品及时采取风险控制措施，加强对已上市药品的持续管理。

目前，我国药品加快注册程序正在得到广泛推行，但这四类加快注册程序有的直接法律依据为《药品管理法》，有的为《药品注册管理办法》，位阶相对较低。建议在修订后的《药品管理法实施条例》中，明确规定药品加快注册制度体系，进而明确突破性治疗药物程序、特别审批程序的法律依据。规定在药品研制和注册中，药品监督管理部门及其专业技术机构给予必要的技术指导、沟通交流、优先配置资源、缩短审评时限等政策和技术支持，同时，对“严重危及生命且尚无有效治疗手段的疾病”“尚无有效防治手段”“明显临时优势”“公共卫生方面急需”“符合儿童生理特征”“疾病预防、控制急需”等概念

1 参见《药品管理法》第77条。

加以界定。

五、罕见病用药审评机制

罕见病用药又称“孤儿药”。根据世界卫生组织的定义，罕见病为患病人数占总人口的0.65%—1%的疾病，用于医治这类疾病的药物由于适用人群小，社会关注度不高，市场预期利润低而长期不为科研机构和制药企业所重视。

针对罕见病的药品稀缺问题，世界上不同国家和地区对罕见病用药的注册审评提供了优惠政策（见表2–2）。

表2–2　罕见病用药注册审批优惠政策

国家/地区	审批时间	其他措施
美国	纳入优先审批	接受历史的对照试验，研究中可申请进行治疗性使用并收取费用，豁免申请费、产品费和设施费
欧盟	集中审批，优先审批	
日本	10个月内快速审批	提供收费咨询服务
韩国	6—9个月内快速审批	
新加坡	有最高优先权	
中国香港	有快速审批资格	通过新化学实体注册，通过新化学实体注册程序获快速审批
中国台湾	6—10个月内快速审批	已获FDA批准的罕见病用药免做临床

(一)美国罕见病用药审评机制

1. 立法沿革

美国卫生和人类服务部(Department of Health and Human Services,简称DHHS)于1979年关注到有些药物欠缺商业价值的现象,美国卫生和人类服务部于1982年建立了罕见病产品委员会(Orphan Products Board)。美国制药业于1981年成立了制药企业协会罕见病药物委员会(Pharmaceutical Manufacturers Association's Board on Drugs for Rare Diseases),致力于推进罕见病药物立法。

1982年3月,在国会召开的关于罕见病药物立法的听证会上,参议员南希·凯西邦(Nancy Kassebaum)指出,这些治疗罕见病的药物年销售额不到三五百万美元。参议员亨利·维克斯曼(Henry Waxman)则指出,美国人民应为罕见病药物立法,因为很难从对这些罕见病患者的治疗中营利,美国人民应对他们尽相应义务。

《罕见病用药法》于1982年由国会通过,于1983年1月4日被签署为法律。最初的法律将罕见病药品定义为:"在美国很少发生的疾病或症状,以至于该药品在美国的销售额根本不可能抵偿研发和供应治疗该疾病或症状的药品的成本。"凡是用于诊断、治疗罕见病的试剂、药品、疫苗和医疗器械等,都属于罕见病用药。

之后,这部法律被多次修正。1984年修正案确立了"罕见疾病或症状"定义在患者数量上的底线。罕见疾病或症状被重新定义为,美国患者少于20万人,或患者人数超过20万人,但预期药品销售额难以补偿研发成本的疾病。1985年修正案将上市排他性由专利药品延伸到非专利药品,并准许联邦为已认定的罕见病用药的临床评价提供补助。1988年修正案要求企业申办者在提交上市许可申请前申请罕见病用药认定。罕见病用药最终规章在1992年12月29日在联邦登记上公布,并于30日后生效。此外，2002年通过的《罕见病法》(Rare Disease Act)的大部分内容也与罕见病药品有关。

2. 管理机构

1982年，FDA成立了罕见病产品开发办公室(Office of Orpan Products Development，简称OOPD)，以促进对诊断和/或治疗罕见疾病或状态的产品的研发。该办公室与医疗和研究机构、职业组织、学术界、制药企业、罕见病组织互动；负责实施《罕见病用药法》的主要条文，为研发罕见病产品的申办人提供激励；负责运营罕见病产品补助金项目，为罕见病用药的临床研究提供资金。此外，FDA尚有其他多个工作部门履行与罕见病药品相关的职能。

罕见病产品开发办公室虽然是罕见病用药的主要管理机构，但是不负责审评新药申请，只负责监督审查。FDA的药品审评与研究中心负责审评研究用新药申请和新药申请资料。2010年2月，FDA在药品审评与研究中心内部建立了罕见病项目(Rare Disease Program)，即在新药办公室(Office of New Drugs，简称ONO)内设立了一个罕见病副主任(ADRD)的职位，用于补充罕见病用药开发办公室的工作。在受理罕见病用药申请后，根据其适应症，由相应的治疗领域审评处室接收和审评。

3. 罕见病用药的资格认定

国际上普遍采用的罕见病用药特殊注册审评方式是“认定注册”，即首先经过罕见病用药资格认定的前置程序，然后适用特殊注册审评制度(见图2-1)。

美国罕见病用药特殊审评制度，由罕见病用药资格认定项目和配套药品特殊审评程序组成。该审评制度在保证药品安全有效的基础上，通过临床研究特殊条件、优先审评、加速许可或快速通道等方式提高研发和审评的效率，缩短审评周期，促进药品尽快上市。美国罕见病用药特殊审评制度率先采用“认定+注册”两步走方式，成为其他国家

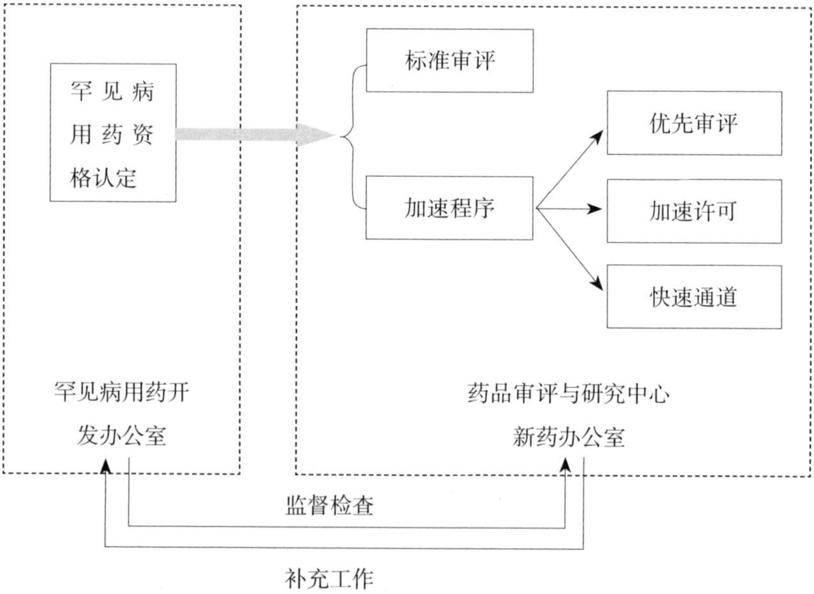

图2-1　罕见病用药特殊评审制度

效仿的对象。

美国罕见病用药的资格认定主要由罕见病产品开发办公室负责。FDA于1982年成立该办公室，致力于诊断和治疗罕见病的药物研发。

根据《罕见病用药法》，罕见病用药资格认定是指，“基于申请者要求，向能够治疗罕见病的药品授予特殊产品状态”。罕见病用药资格认定并不意味着该产品获得了上市许可，而是将为申请者提供激励措施和便利通道。但对于罕见病药物研发者而言，罕见病用药资格认定可谓一块敲门砖。获得资格认定，意味着FDA认可了该药品在治疗某种罕见病上的潜力，因此，该药品享受特殊审评待遇的概率更高，也更易获得包括风险投资在内的研发资金支持。

根据《罕见病用药法》的规定，获得罕见病用药资格认定的药品即为治疗罕见病的药品，该种罕见病必须符合以下条件之一：（1）在美国境内的患病人数少于 20 万人；或（2）在美国境内的患病人数虽多于20万人，但有合理预期表明，治疗该种疾病的药品上市后的销售额不足以弥补研发该药所耗费的金额。如果一种药品符合上述标准之一，被认定为罕见病用药，即有权享有《罕见病用药法》所提供的多种激励。罕见病用药的申办者需要向FDA提交证据，以证明某种药品符合罕见病用药的认定标准。

申办者必须在递交新药申请之前，提出罕见病用药资格认定的申请。罕见病用药资格认定申请递交罕见病用药开发办公室后，就进入审评流程。整个流程共耗时1—3个月，罕见病用药资格认定的申请者如果收到了罕见病用药开发办公室所颁发的资格认证函，即表示其获得了罕见病用药资格，可以享受罕见病用药发展项目所提供的一系列激励政策。

4. 审评机制

《罕见病用药法》要求FDA在临床和非临床研究的设计方面，为罕见病药品申办人提供帮助，以协助他们遵守规制要求。申办者可以申请，请求FDA就上市许可申请所必需的非临床研究和临床研究提供书面建议。

FDA为针对严重疾病或无治疗手段疾病的产品设置了“快速通道”。如果某种罕见病用药体现了对于严重的或危及生命的疾病或症状的治疗进步，且该疾病或症状又没有其他替代疗法，在上市许可申请阶段可以申请“快速通道”，并有可能在60日内得到快速通道的认定。获得快速通道认定的药品申请人可以更频繁地与FDA会晤，进行沟通交流，可以滚动提交申请资料。

FDA可在六个月以内优先审评罕见病用药，而无须遵守十个月的标准审评时间。加速许可意味着，对于严重疾病和无治疗手段的罕见病用药，可以用替代终点为评判指标来进行疗效评定，从而加速罕见病用药上市。对于使用替代终点进行疗效判断的罕见病用药，FDA可以考虑批准或给予附条件许可。

5. 激励措施

（1）市场独占权

依法赋予罕见病用药研发者七年的市场独占权。在一种产品被认定为罕见病用药之日起七年内，部长不会对同类产品再做这样的认定。这种市场独占权不仅及于专利药品，也及于非专利药品。只有在下述两种例外情况下，在七年内，部长才可能认定同类产品为罕见病用药：（1）部长发现，相应的药品上市许可持有人无法保证罕见病用药的供应量，无法满足罕见病患者的需要；（2）七年市场独占授权期间，罕见病用药上市许可持有人向部长提供书面证明，同意部长批准同类药品注册申请。

（2）税收减免

1954年《国内税收法》第45C条准许在某种用于罕见病症的药品被认定为罕见病用药之后，享受税收减免，减免金额的上限为与该药品相关的临床试验费用的50%。该条款由国内税收署执行。此外，依据《联邦食品、药品与化妆品法》第505（i）条及相关规章的规定，可以对罕见病用药试验费用加以减免。

（3）缴费减免

根据美国《联邦食品、药品与化妆品法》的规定，依法被认定的用于罕见疾病或症状的药品，如果满足法案中规定的公共健康要求，而且研发药品的公司的年收入在5 000万美元以下，则可以申请处方药产品费用的豁免。[1]

（二）欧盟罕见病用药审评机制

欧洲议会于1999年12月16日通过了第141/2000号条例，即《罕

1 FD&CA, Section 736(K).

见病用药条例》，该条例于2000年4月28日生效。条例对罕见病用药加以界定，规定了罕见病用药的界定基准，规定了罕见病药品委员会的任务和运作程序，规定了罕见病用药的认定和移除程序，规定了对罕见病临床试验及新药审批的支持，规定了市场独占期及其他激励措施。根据该条例第3条第2款的规定，欧盟委员会于2000年4月27日颁布了作为实施性立法的第847/2000号条例，规定了罕见病用药认定标准的实施条款，对“类似药品”（similar products）和“临床优势”（clinical superiority）加以界定。需要说明，欧盟《罕见病用药条例》的调整对象只限于人用药品，可能包括疫苗和体内诊断试剂，但不包括医疗器械和营养补充剂。

1. 罕见病用药认定标准

在欧盟，如果一种药品的申办人可以证实：(1) 该药品将用于诊断、预防或者治疗某种危及生命或慢性消耗性的病症，在提出申请之日该病症的感染者在欧盟范围内不超过万分之五；或(2) 将用于诊断、预防或者治疗某种危及生命的严重病症或严重的慢性病，如果不提供激励，该药品在欧盟上市产生的回报不足以证明必要的投资的合理性；且(3) 尚不存在得到欧盟许可的用于诊断、预防或者治疗该病症的令人满意的方法，或者尽管存在这样的方法，但这种药品对于该病症的感染者具有重大收益，那么这种药品应当被认定为罕见病用药。

作为认定标准的选项之一，申办人须证实“尚不存在欧盟许可的用于诊断、预防或者治疗该病症的令人满意的方法”。在此背景下，申请人需提供现有方法的细节，说明已获得许可的药品、医疗器械或在欧盟范围内使用的其他诊断、预防和治疗方法。如果已有上市的相关药品，罕见病用药认定的申请者还需说明，其申请认定的药品有超出现有已获许可药品的重大收益。

“重大收益”意味着“临床上的相对优势或对患者护理的总体贡献”。在申请认定罕见病用药时，可能没有或几乎没有临床经验，对重大收益的证明很可能要基于申请人对于益处的推定。在所有申请中，都要求罕见病用药委员会评估可用的数据或申请人提供的证据是否支持这些推定。

2. 罕见病用药审评

欧洲药品局于2000年设立了罕见病用药委员会（Committee for Orphan Medicinal Products，简称COMP），负责审评用于罕见病治疗、预防和诊断的药物。当评估认定申请时，罕见病用药委员会应当在宽泛的范围内考虑罕见病用药的治疗范围，以免人为地将特定治疗范围割裂开来。欧洲药品局基于罕见病用药委员会的意见，对罕见病用药进行最终认定。

在欧盟，罕见病用药上市许可必须适用集中许可程序。在申请上市许可阶段，罕见病用药委员会与欧洲药品局人用药品委员会密切合作。人用药品委员会评估罕见病药品的质量、安全性和有效性资料，为是否授予上市许可提供最终建议。

为加快罕见病用药的上市，欧盟出台了特别的审查制度。该制度主要包括两方面的内容，即附条件批准、特别审批。如果判定某罕见病用药为可用于治疗严重使人虚弱疾病或危及生命疾病的药品，或系可在紧急情况下使用的药品，则可对该罕见病用药适用“附条件批准”程序。申请人如拟适用附条件批准程序，须遵循三步论证：（1）提供科学证据；（2）证明该药品可以满足尚未得到满足的医疗需求；（3）用客观和量化的流行病学信息证明，该药品的及时供应给公共健康带来的收益高于风险。

如果申请人因为疾病罕见、现有技术的局限性和道德约束，不能提供常规授权所需要的、用以证明该药品安全性和有效性的全面数据，申请者可申请“特别审批”以获得药品上市，特别审批注重评价药品的安全性，获得批准后，申请者每年需向人用药品委员会递交风险收益报告。

(三)日本罕见病用药审评机制

1973年以来,日本已经建立了着力于罕见病用药研究的适当的资金支持体系。1985年6月,日本首次发布了关于罕见病用药的通告,该通告详细阐述了减少申请要求的数据和加速审评。

为了促进罕见病用药的研发,日本《药事法》于1993年新增第15章,专门规定了罕见病用药指定制度,并在2013年修订时将罕见病用医疗器械及再生医疗制品一并纳入其中。根据相关法规,厚生劳动大臣指定的罕见病用药不仅可以在正式审批时适用优先审查程序,还可以额外享受日本政府的各项支持措施。[1]

根据《药事法》第2-16条和第77-2条的规定,罕见病用药是指厚生劳动大臣根据药品生产销售者的申请,结合厚生劳动省下属的药事与食品卫生审议会(PAFSC)的意见予以指定的,符合以下两项特征的药品:(1)在日本的适用人数未达到厚生劳动省令规定人数的;(2)一经批准即可发挥特别优越的使用价值的。

其中,根据厚生劳动省于2015年修订的《药事法施行规则》(昭和36年厚生省令第1号)第251条,罕见病用药的适用人数目前通常以5万人为上限,但在该药品被用于治疗《疑难病症患者医疗法》(平成26年法律第50号)第5条第1项所规定的"指定疑难病症"的情形下,则以认定该病症时依据的厚生劳动省令所指定的相应人数(原则上约为全国人口的千分之一)为上限。

在资金支持方面,日本《药事法》第77-3条规定,国家应当努力确保罕见病用药的研究和试验所需要的资金;第77-4条规定,国家应当依照《租税特别措施法》(昭和32年法律第26号)为促进罕见病用药的

1　厚生労働省(MHLW)公式サイト。

研发采取必要措施。上述规定在执行环节表现为，厚生劳动省通过国立研究开发法人“医药基础、健康、营养研究所”向研发机构提供补助金，并将该助成金以外研发费用的20%设定为免税额度。此外，罕见病用药的审批手续费也低于不适用优先审查的其他药品。

罕见病用药的指定一般是在该药品第Ⅱ期试验完成之后，因此，助成金通常从第Ⅲ期试验或者第Ⅲ期试验的事前商谈环节开始支付，原则上为期三年，到药品正式开始审批为止。根据医药基础、健康、营养研究所的统计，1993年至2013年，共有331种罕见病用药以及24种罕见病用医疗器械获得指定，厚生劳动省向其中提交补助金申请的164种罕见病用药以及14种罕见病用医疗器械提供了共计129亿日元（约合人民币7.64亿元）的补助金。其中97种罕见病用药以及7种罕见病用医疗器械已经获得批准进入生产销售阶段。助成金主要包括以下事项的费用，但不包括向厚生劳动省或者药品与医疗器械管理局支付的审批手续费：[1]

（1）有关药品品质的试验，以及相关材料的整理；

（2）非临床试验（包括为确保受验物的品质而支出的费用）以及相关材料的整理；

（3）临床试验（包括为确保药品的品质而支出的费用）以及相关材料的整理；

（4）与药品与医疗器械管理局进行事前商谈、面对面交流等；

（5）生产销售许可申请的附带材料（CTD等）的制作。

在具体研发和审查环节，研发机构可以接受厚生劳动省、药品与医疗器械管理局以及医药基础、健康、营养研究所的各项指导，特别是药品与医疗器械管理局专门为罕见病用药研发机构提供的优先面对面指导（優先対面助言）。另外，此类药品的临床试验商谈（治験相談）手续

1　国立研究開発法人医薬基盤・健康・栄養研究所（NIBI）公式サイト。

费也低于其他药品。

（四）我国罕见病审评立法的制度展望

1. 制度沿革

我国对罕见病用药的认知经历了一个渐进的过程。在国家药品监督管理局于2007年颁布的《药品注册管理办法》中，规定对“治疗疑难病症的新药实行特殊审批”。[1]在国家食品药品监督管理局于2009年1月印发的《新药注册特殊审批管理规定》中，规定对治疗罕见病且具有明显临床治疗优势的新药注册申请，实行特殊审批。[2]2016年2月，原国家食品药品监管总局发布《总局关于解决药品注册申请积压实行优先审评审批的意见》，在“加快具有临床价值的新药”上市的背景下，将防治罕见病且具有明显优势的药品注册申请，纳入优先审评审批的范围。[3]

2019年修订后的《药品管理法》第96条规定“国家鼓励短缺药品的研制和生产，对临床急需的短缺药品、防治重大传染病和罕见病等疾病的新药予以优先审评审批”。2020年重新颁布的《药品注册管理办法》第68条也将防治罕见病的创新药和改良型新药纳入优先审评审批程序。但目前既未明确罕见病的定义，也未细化罕见病药物审批程序的具体操作模式，未完全引入国际普遍使用的“认定+注册”两步走模式，还存在制度完善的空间。[4]

1　参见《药品注册管理办法》（国家药品监督管理局第28号令，2007年7月10日发布）第4条。

2　《新药注册特殊审批管理规定》，国家药品监督管理局，2009年1月7日。

3　《总局关于解决药品注册申请积压实行优先审评审批的意见》，国家食品药品监督管理总局，食药监药化管〔2016〕19号，2016年2月24日。

4　丁锦希、季娜：《中美罕用药特殊注册审评制度的比较研究》，《中国医药工业杂志》2011年第11期。

2. 立法思路

建议我国应借鉴国际经验，适时制定《罕见病法》，以立法对罕见病诊治、罕见病药品审评审批、罕见病费用筹资等内容加以规定，以更好实现对罕见病患者合法权益的平等保护。

在立法尚不成熟的情况下，可考虑以国务院颁布行政法规的形式，制定《罕见病管理条例》。《罕见病管理条例》可包括如下内容：(1) 明确立法目的为保障罕见病患者权益，保障罕见病治疗的可及性与可负担性；(2) 界定各级政府以及卫生、财政、医疗保障、药品监督管理、价格、财税、科技部门在罕见病防止中的职责；(3) 对罕见病、罕见病患者、罕见病产品、罕见病药物等概念给出定义，明确罕见病的认定标准和认定程序；(4) 规定罕见病药物和医疗器械的注册审评程序；(5) 为罕见病药物研发和生产提供激励，如为获得认定的罕见病用药提供适当期限的市场排他性期间保护，通过重大新药创制、科学基金等为罕见病用药研发项目提供资助，为罕见病用药研发提供税收方面的减免；(6) 完善医疗保险、医疗救助等渠道，保障罕见病用药的可及性；(7) 建立罕见病诊断与治疗临床路径；(8) 为罕见病患者组织、罕见病患者参与罕见病政策形成设定程序机制。[1]

近期建议考虑以国务院文件或国务院办公厅文件形式，就罕见病防治和管理做出系统规定，这有助于打破部门丛林，系统回应罕见病患者的需求，促进罕见病患者权益保障，进而推动我国社会政策的法治化、规范化水平。

3. 明确罕见病定义

"罕见病" 属于法学方法论意义上的法律概念，为 "罕见病" 概念给出定义，旨在更好保护罕见病患者群体的健康权益。"罕见病" 概念

1　参见宋华琳：《给她们的孩子一个吃药的合法途径》，澎湃新闻网 "法治的细节" 栏目，2022 年 1 月 6 日。

不仅是对罕见病事实的描述，也体现了对特定价值考虑的承认与共识。2021年9月，在中国罕见病/孤儿药定义第三次多学科专家研讨会上发布的《中国罕见病定义研究报告2021》，将“新生儿发病率小于万分之一、患病率小于万分之一、患病人数小于14万的疾病”划入罕见病。这是艰辛且有意义的尝试。

表2-3　特定国家和地区对于罕见病的界定

国别	美国	欧洲	澳大利亚	日本	中国台湾	韩国
立法颁布年份	1983	2000	1988	1993	2000	2002
法案名称	美国罕见病用药法	EC 141/200	1989治疗法案	罕见病用药管理制度	罕见病及孤儿药法案	罕见病及孤儿药法案
适用范围	药品、器械、食品	药品	药品/生物制品	药品/器械	药品	药品
罕见病认定标准	＜20万	＜总人口的0.05%	＜2 000	＜总人口的0.04%	＜2 300	＜2万

目前，国际上通行的罕见病认定标准有三类，美国、日本、韩国等都以前述的患者人数或发病率为标准。但需要指出，患者人数或者发病率并非罕见病认定的唯一标准，即使超过这些限值，如果满足其他条件，某些疾病仍可能被认定为罕见病。可以考虑借鉴国际经验，引入适应症标准，当某一病症是危及生命的严重疾病或严重的慢性消耗性病症，且该病症目前尚无有效治疗方法，或申请认定的治疗方法与当前治疗方法相比有显著的临床优越性时，可认定其为罕见病。此外，当某种疾病患者人数超过一定数量，但相应药物的生产销售无法弥补研究开发费用时，应当可以认定此种疾病为罕见病。

另外，“罕见病”概念构成了制定中国罕见病目录、界定中国罕见病药品范围及调整医保药品目录的重要基础，因此，“罕见病”并非一个“纯”科学的概念，而是一个横亘于科学、经济、社会、文化之间的“跨”科学概念。建议未来由国务院卫生健康部门、医疗保障部门、药品监管部门等会同相关专业协会、医疗机构、医药专家，进一步凝聚专业共识，明确“罕见病”概念的定义。“罕见病”概念应具有一定的弹性和灵活性，应以多种而非一种方式来界定“罕见病”。

4. 完善罕见病目录制度

哪些药物是罕见病用药，因而适用特别审评审批程序，哪些罕见病用药有可能纳入医保药品目录，前提在于确定哪些病是“罕见病”。行政决定不能“跟着感觉走”，而是应尽量制定出作为前提的罕见病目录，借此来尽量削减主观判断。2018年发布的《第一批罕见病目录》涵盖了121种罕见病，该目录根据我国人口疾病罹患情况、医疗技术水平、疾病负担和保障水平等，参考国际经验，由不同领域的权威专家按照一定工作程序遴选产生。

国家卫生健康委于2018年6月发布了《罕见病目录制订工作程序》，规定增加目录病种的申请主体为国家有关部门、省级卫生健康行政部门、国家级行业学会或协会、民政部注册登记的相关民间组织，由国家卫生健康委员会罕见病诊疗与保障专家委员会（以下简称“专家委员会”）负责提供技术支持和政策建议，专家委员会办公室负责罕见病病种申报材料的接收、汇总和整理等日常工作。专家委员会堪称行政机关的重要臂膀，它可以为最终的行政决定提供智识上的补充，提供专业性、技术性、学术性或政策性的建议或指南。应进一步规范专家委员会的运行，拓展专家的学科范围、地域范围，保证专家委员构成的结构均衡与合理，建立健全专家利益审查和利益冲突回避机制，完善专家咨询程序。

在罕见病目录制订过程中，可采取座谈会、书面征求意见、向社会公开征求意见等多种方式，听取患者、普通公众、专业团体、企业等利益相关方的意见，保障公众通过多种途径和形式参与罕见病目录的形成。

5. 完善罕见病审评审批机制

首先，应明确将罕见病药物纳入优先审评审批程序等加快上市注册程序的机制。目前，《药品注册管理办法》第68条规定，可将防治罕见病的创新药和改良型新药纳入优先审评审批程序。应进一步明确适用加快上市注册程序的罕见病药物范围。需要指出，罕见病药物很可能属于“治疗严重危及生命且尚无有效治疗手段的疾病的药品，药物临床试验已有数据证实疗效并能预测其临床价值的”，因此，可探索对罕见病新药适用附条件批准的可能性。

第二，强化罕见病审评队伍的专业性。建议考虑在国家药品监督管理局药品注册司设立罕见病药物处，在国家药品监督管理局审评中心中设立专门的罕见病药物评审部。建议组建专业的罕见病用药审评队伍。

第三，建议完善与罕见病用药研发相适应的临床研究要求。相对于一般疾病而言，罕见病患者人数少，临床试验开展难度更高，患者数据有限，因此，强调除遵循一般药物研发规律外，应采用更为灵活的设计，充分利用有限的患者数据，获得满足获益与风险评估的科学证据，支持监管决策。应明确规定可以通过疾病自然史研究、国内外已公开的相关自然病史研究文献报道、患者登记平台、临床工作人员调研、患者调查，并鼓励研发单位之间的数据共享，来获取罕见病临床数据。[1]

第四，强化罕见病用药审评中的沟通交流机制。罕见病新药研究开发难度更高，并采用了创新的临床试验设计，因此，有必要建立罕见

1 《罕见疾病药物临床研发技术指导原则》，国家药品监督管理局药品审评中心2021年第71号通告，2021年12月31日。

病用药的快速沟通交流机制，申请人与审评团队在沟通交流过程中充分阐述各自观点，形成共识，以作为研发和评价的重要参考。[1]

六、药品审评收费

监管机构的运作，应以监管经费得到充分保障为前提。当行政监管的受益人是不特定的大多数人，不与特定的受益或服务相联系时，应以财政拨款作为其主要经费来源。当行政监管机构提供的服务或物品有可确证的受益及可确证的受益人时，受益人应为其获得的服务或物品支付相应的对价。这蕴含了行政监管中的“使用者付费”原理，即行政机关就其提供的特定产品或者特定服务向特定受益人收取一定的费用。[2]

（一）美国的药品审评收费制度概况

在美国，药品监管收费制度的引入，也在于当时所面临的新药上市的“时滞”现象，公众认为药品审评过慢，使得美国公众没能享受到应有的健康服务和药物治疗；产业界认为药品审评过慢，使得药品研究开发成本日渐高昂，时间的推移使得潜在创新药品的专利期日益流逝，其相对于仿制药的潜在优势也日渐减少。20世纪80年代，美国对新药的平均审查时间是31.3个月，审评时间长主要有两方面原因：一是FDA缺乏充足资金聘请专家，二是FDA在加快患者及时获得药品和确保药品安全有效之间难以权衡。

---

1 《药物研发与技术审评沟通交流管理办法》，国家药品监督管理局药品审评中心2020年第48号通告，2020年12月10日。

2 李犓、宋华琳：《中国药品监管收费制度及其改革》，《宏观质量研究》2013年第2期。

在此背景下，美国于1992年颁布了第一部《处方药使用者费用法案》(PDUFA)，规定所收的监管费用以人用药品审评工作，这又包括全部新药申请、部分法定的“纸面新药申请”、抗生素申请以及产品许可申请。在此期间，FDA利用这些收费来增聘人员，更新药品审评的信息技术基础设施。FDA的药品审评与研究中心、生物制品审评与研究中心、法规事务部以及局长办公室的人员从1992年的1 277人增加到1997年的1 990人，增加了56%。FDA的平均药品审评时间也从1992年的30个月，降低到1997年的15个月。

PDUFA必须每五年由国会重新授权一次。美国1997年颁布的PDUFA Ⅱ中，规定监管机构必须“通过及时、有效的审评临床研究……以及时的方式来采取适宜的行动，促进公众健康”。之后，美国分别于2002年颁布了PDUFA Ⅲ，于2007年颁布了PDUFA Ⅳ，于2012年颁布了PDUFA Ⅴ，于2017年颁布了PDUFA Ⅵ，于2022年9月30日颁布了PDUFA Ⅶ，第七版法案涉及对2023财年到2027财年间的PDUFA Ⅶ的重新授权。

PDUFA授权FDA向申请人收取费用，使FDA可有费用来雇用额外的审评人员和员工，升级信息技术系统，从而提高了新药申请的审评效率。

1. 使用者付费类型

在1992年第1版至2012年第5版《处方药使用者费用法案》中，规定的申报者付费项目具体包括药品申请费、产品设施费和产品年费。

(1) 药品申请费(drug application fee)

在PDUFA的实施下，FDA对优先审评药物的平均审评时间也从1993年财政年度的13.2个月，降低到2006年财政年度的6个月；标准审评药物的平均审评时间，从1993年财政年度的22.1个月，降低到2006年财政年度的10.3个月。财政拨款和申报者付费构成了美国药品审查工作的资金基础。[1]

药品上市许可申请人对于所递交的新药申请或其补充申请、生物制品申请都应当缴纳一定费用。许可不需要提交与安全性和有效性相关的临床数据的，应全额缴纳申请费。许可需要提交与安全性和有效性相关的临床数据的，仅需缴纳50%申请费。[2]罕见病用药以及皮试诊断产品可以豁免付费。[3]撤回申请或申请被驳回的，应当退还申请费。[4]

（2）生产设施费（establishment fees）

除非该设施在该财政年度未生产处方药，否则获得许可的申请人要为其药品申请中的每个处方药生产设施缴纳年费。此处的“设施”是指隶属于一个企业的生产一种或多种处方药最终剂型的场所，该场所包括一个或多个相距五英里以内的建筑物。除非在某一财政年度，未在该处方药设施开展处方药生产活动，否则上市许可持有人应当为申请中列举的每个处方药设施缴纳年费。无论在该设施中生产几种处方药，都只为一个设施缴纳一份年费。

（3）产品年费（product annual fees）

获得许可的申请人要为符合《处方药使用者费用法案》定义的每项产品缴纳年费。药品上市许可申请人应当为每个处方药新药申请支付处方药产品年费。[5]大剂量胃肠道外给药用药品、皮试诊断药品可以豁免支付产品年费。[6]未缴纳费用将导致申请或补充申请不被受理。[7]

1 邵蓉、殷天红：《美国药品审评付费制度对我国加快药品审评的启示》，《中国药科大学学报》2014年第3期。

2 FD&CA, Section 736(a)(1)(A).

3 FD&CA, Section 736(a)(1)(F)、(H).

4 FD&CA, Section 736(a)(1)(G).

5 FD&CA, Section 736(a)(2)(A)(i).

6 FD&CA, Section 736(a)(2)(B).

7 FD&CA, Section 736(e).

需要指出，从2017年颁布的PDUFA Ⅵ起，以项目费(program fees)取代了生产设施费和产品年费，将预期收费中的更多比例转移至项目费。目前，美国药品审评收费包括申请费和项目费两种，申请费(application fee)分为有临床数据和没有临床数据两种情况，费用需要在递交申请时支付。此外，需要缴纳项目费，每年缴纳一次，类似于之前生产设施费和产品年费的总和，每个产品都需要缴纳。

2. 调整收费标准应当考虑的因素

调整年度收费标准应当考虑的因素包括：(1) 通货膨胀调整：涉及上一财政年度基本收入的总体变化，FDA全职工作职位成本的年平均变化，城市消费品价格指数的总体变化；(2) 战略性招聘与留用的调整；(3) 能力计划调整：相关调整应能反映审评程序需要资源的变化，涉及的工作负荷量包括申请和补充申请的审评、上市后承诺的审评、风险评估和减低策略的审评，以及对已许可处方药年度报告的审评；(4) 运营储备金的调整。[1]调整之后收取的费用总额不得超过该年度用于人用药品审评程序的费用总额。

3. 减免审评费用的条件

FDA局长认为申请人符合下列条件时，可以对药品申请人减免审评费用：(1) 为保护公众健康有必要减免费用；(2) 由于申请人可用的资源有限或其他情形，预计审评费用将成为研发的重要障碍；(3) 申请人是首次提交人用药品申请的小企业。[2]概言之，应由FDA局长根据申请人和申请人所在企业的特定条件和资产状况，做出减免费用的决定。[3]

---

1 FD&CA, Section 736(c)(1)—(4).

2 FD&CA, Section 736(d)(1).

3 FD&CA, Section 736(d)(2).

（二）我国药品注册收费制度概况

2015年以前，我国药品注册收费标准是由国家发改委、财政部于1995年制定的。由于社会工资水平、物价上涨等原因，收费标准严重偏低。以2013年审批国产新药的收费标准为例：以人民币为单位，澳大利亚98万元，加拿大176万元，美国1 207万元，日本185万元，我国只有3.5万元。

国家食品药品监督管理总局于2015年5月27日公布了《药品、医疗器械产品注册收费标准》《药品注册收费实施细则（试行）》，调整了药品注册收费标准。药品注册费，是指国务院药品监管部门和省级药品监管部门依照法定职责，对新药临床试验申请、生产申请、仿制药申请、补充申请和再注册申请开展行政受理、现场检查/核查、技术审评等注册工作，并按标准向药品生产注册申请人收取有关费用。当时的说明中指出，“药品、医疗器械注册收费是国际通行做法，国家受理生产企业的药品、医疗器械注册申请和开展审评、审批，需花费人力、物力，这部分成本应当由申请者支付，由全体纳税人负担这部分费用是不公平的”。[1]

2015年药品产品注册费标准按照收支平衡的原则制定。两部门明确，国务院药品监督管理部门收取药品产品注册费标准为，药品产品注册费=人日费用标准 × 注册所需人数 × 注册所需天数。人日费用标准，按不高2 400元/人/天执行。[2]以新药注册收费为例，调整后的国产新药注册申请收费标准为62.4万元，仅相当于澳大利亚的64%、加拿大的35.5%、美国的5.2%，日本的33.7%（见表2–4）。

1 《食品药品监管总局发布药品、医疗器械产品注册收费标准和实施细则》，国家药品监督管理局官网，2015年5月27日。

2 《两部门明确药品、医疗器械产品注册收费标准》，中国政府网，2015年6月2日。

国家发展改革委、财政部于2015年5月12日印发了《药品、医疗器械产品注册收费管理办法》，规定“药品、医疗器械产品注册收费标准原则上每五年评估一次，根据评估情况进行适当调整”。据此，国家药品监督管理局于2020年6月30日重新发布了《药品注册收费标准》《药品注册收费实施细则》，但各项收费标准并未改变。

表2-4　现行药品注册费标准[1]

项 目 分 类		国产	进口
新药注册费	临床试验	19.20万元	37.60万元
	上市许可	43.20万元	59.39万元
仿制药注册费	无须临床试验的上市许可	18.36万元	36.76万元
	需临床试验的上市许可	31.80万元	50.20万元
补充申请注册费	无须技术审评的	0.96万元	0.96万元
	需技术审评的	9.96万元	28.36万元
药品再注册费（五年一次）		由省级价格、财政部门制定	22.72万元

（三）依法设定和实施药品注册收费制度[2]

1. 审视药品注册收费的正当性

药品注册行为同样有成本，同样需要筹集相应的资金。在财政经

1　《国家药监局关于重新发布药品注册收费标准的公告》，国家药品监督管理局2020年第75号公告，2020年6月30日。

2　参见宋华琳主持：《药品监管收费制度研究》，国家食品药品监督管理局《药品管理法》修订课题报告，2009年9月；李鸻、宋华琳：《中国药品监管收费制度及其改革》，《宏观质量研究》2013年第2期。

费不能完全保障药品注册活动的背景下，当药品注册行为有可确证的受益与可确证的受益人时，以公平且有效率的方式设定药品注册收费，有助于体现“谁受益，谁负担”的精神，使得注册工作相对不受财政预算制约，具有更强的机构自主性和机构禀赋，从而以更充足的监管资源，实现药品审评审批目标。

注册收费构成了监管收费的一部分。对监管机构而言，财务上的稳定性和可持续性至关重要。政府给药品监管部门的拨款一般低于履行监管功能所需的实际成本，为此，应以监管收费作为必要的补充。因此，各国都多对药品许可、药品生产等活动收取一定的监管费用。

例如，在药品注册领域，涉及药物临床试验、新药申请、仿制药审批、进口药审批、非处方药申报、补充申请、药品再注册等许可任务，药品审评部门的工作负荷日益加重。目前，国家药品监督管理局药品审评中心作为药品注册管理的技术审评机构，是全额财政拨款的事业单位，财政拨款是支撑药品审评中心的基本支出和项目支出的主要经费来源。药品审批中心的审评人力资源、信息体系和智力资源都无法适应日益增长的申请量的需要。相较而言，美国、欧盟等国家或地区都将监管收费作为药品审评工作任务经费的重要来源，这构成了对财政拨款的重要补充。

从学理上考察，监管收费要以存在“可确证的收益”及“可确证的受益人”为前提。就药品注册而言，不能因药品注册事项给社会公众带来健康收益，就认为其未给特定群体带来特定收益。药品注册活动一方面有助于公众获得安全、有效的药品，另一方面使得注册申请人有可能获得上市许可，从而合法地在市场上从事具有商业价值的活动，同时将不符合条件者排除于市场活动之外，使得市场主体获得较为良好、公正的制度环境。因此，药品注册实际上构成了面向特定市场主体提供的一种服务，具有准公共物品的性质，对作为受益人的注册申请人收取注册费，具有相应的正当化根据。

适度提高、合理确定药品注册收费标准，并将费用指定用于药品审评、药品审评信息化、药品审评专家咨询等活动，将有助于改进药品审评绩效。审评收费并不会影响审评工作的公正性，因为审评收费将秉承事先确定的一以贯之、一视同仁的收费标准，不会偏向特定类型的药品，不会偏向特定规模的企业。充足的审评经费还将有助于药品审评治理体系和治理能力的建设，提升审评人员的专业化素养，从而更好地利用药品审评治理网络中的多元资源。

2. 依法设定药品注册收费制度

从行政法学中法律保留的理论出发，当行政侵害公民的权利自由或对公民科以义务负担时，需有法律根据。作为针对特定对象就特定事项征收的费用，药品注册收费亦是对注册申请人科以的负担，为此应以法律规定为宜。需知根据《行政许可法》的要求，"行政机关实施行政许可和对行政许可事项进行监督检查，不得收取任何费用。但是法律、行政法规另有规定的，依照其规定"。[1]因此，药品注册收费与药品监管收费的范围，应以《药品管理法》《药品管理法实施条例》明文规定为限。

我国现行《药品管理法》只是规定不得抽取抽查检验费用，却未对任何收费事项加以规定。[2]作为国务院颁布的行政法规，《药品管理法实施条例》第57条规定，依照《药品管理法》《药品管理法实施条例》核发证书、进行药品注册、药品认证和实施药品审批检验及强制性检验，可以收取费用，并授权国务院财政部门、国务院价格主管部门制定具体收费标准，此条文构成了药品注册收费制度的法律依据。

值此修订《药品管理法实施条例》之际，建议以专门条款对药品监管收费和药品注册收费制度加以系统规定。宜在深入理解行政监管收

1　参见《行政许可法》第58条第1款。

2　参见《药品管理法》第100条。

费理论的基础上，明确药品监管收费的范围，包括药品注册收费、药品检查收费、药品检验收费等。

现行《药品管理法实施条例》授权国务院财政部门、国务院价格主管部门制定具体收费标准，但可将药品收费范围、标准视为“涉及重大公共利益或者社会公众切身利益的其他重大事项”，其或可构成《重大行政决策程序暂行条例》中界定的“重大行政决策事项”。[1]建议在修订后的《药品管理法实施条例》中，规定药品注册收费标准的形成应遵循收支平衡、成本补偿、非营利的原则。规定确定药品注册收费标准的程序，规定应对相关情况进行调查，通过座谈会、听证会、实地走访、书面征求意见、向社会公开征求意见、问卷调查、民意调查等方式，充分听取相关群体的意见和建议。药品监督管理部门应主动公开收费项目、收费依据和收费标准。

在“公共服务以财政负担为主，准公共服务以财政和受益者共担”原则的指引下，应对相应的药品监管和药品注册活动收取费用，并明确规定所收取药品监管费的用途。例如，可规定所收取的监管费专门用于药品注册、监督管理、应急和信息化建设等监管事项，不得挪为他用。这将有助于体现规费设计中的公平原则，体现“谁受益，谁负担”的精神，让被监管者有缴纳监管费的激励，有助于监管费用的有效征收，改进监管绩效。

此外，国务院药品监督管理部门还应建立和国家发展改革委员会、财政部的协作机制，或可联合颁布规范性文件，进一步界定药品监管收费标准的形成和调整程序，说明药品监管活动成本的计算方法，说明确立具体监管收费标准所应遵循的规则与原则。通过法律规则的建构与细化，推进我国药品注册和药品监管收费制度的发展与改革。

1　参见《重大行政决策程序暂行条例》（中华人民共和国国务院令第713号，2019年4月20日公布，自2019年9月1日起施行）第3条。

七、完善药品审评的制度设计

在各国药品审评中，通过完善沟通交流机制，引入通用技术文件，推进技术指导原则的作用，以改进药品审评程序，减少药品审评成本与相对人的申请成本，提高药品审评效率，改进申报质量。

（一）沟通交流

现代行政监管强调监管机构与行政相对人之间的协商。《行政许可法》第30条第2款规定："申请人要求行政机关对公示内容予以说明、解释的，行政机关应当说明、解释，提供准确、可靠的信息。"因此，药品审评部门有义务回应申请者的疑问。此外，《行政许可法》第31条规定："申请人申请行政许可，应当如实向行政机关提交有关材料和反映真实情况，并对其申请材料实质内容的真实性负责。"要想让申请人提交真实、有效、合乎要求的资料，就需要药品审评部门在不同阶段选择不同方式，与药品注册申请人进行沟通交流，通过提高沟通交流的质量和效率，促进药品研发创新和技术审评。

1. 美国经验

在美国，通过药品审评的沟通交流，申请人可以更好地理解FDA的监管要求。例如，在新药申请提交前会议中，FDA和申请人将就拟定适应症的完整申请的内容达成合意，审评员将描述在新药申请中应当如何表达数据，支持标签的疗效宣称应当提交哪些数据等。[1]这既有助于申请人提交完整申请，又为申请的审评提供了便利，从而最大化审评程

1　CDER, CDER 21st Century Review Process Desk Reference Guide, *New Drug Application and Biologics License Applications Reviews*, FDA, 11 (2014).

序的效率,减少了多轮审评的需要。

在FDA与申请人举行的会议中,申请人聚焦于自己的首要关注领域,FDA员工将与申请人展开充分讨论。沟通交流会议的内容涉及审评人员、咨询专家对审评中主要问题的陈述,对拟做出的监管决定加以讨论,对标签、上市后要求和上市后承诺、风险评估和降低策略问题等重要问题加以讨论。[1]在沟通交流会议的最后,还要求申请人对会议形成的重要观点、一致意见、说明和拟采取行动加以概述,以确保各方就会议结果和未来行动达成共识,FDA工作人员可针对申请人的概述,做出进一步的补充或澄清,这些内容都会记录于会议备忘录中。[2]这样的沟通会议有助于提高监管决定的可接受性。

以美国为例,在研究用新药申请提交前、Ⅰ期临床结束后、Ⅱ期临床结束后、Ⅲ临床开始前、新药申请提交前及上市后等节点,都可以召开沟通交流会议。会议类型包括A类、B类、C类、D类会议。A类会议指如不能及时召开将导致产品开发停滞,或解决重要药品安全性问题的会议。它包括:(1)FDA收到申请后的30日内组织召开的会议;(2)FDA审评机构和申请人之间发生重大分歧时,召开的正式沟通交流会;(3)FDA提出临床试验中止(clinical holds)时,申请人提出与FDA举行的沟通交流会;(4)就特别临床方案加以评估的沟通交流会议(Special Protocol Assessment,简称SPA);(5)FDA做出不予批准的决定后,申请人在三个月内提出针对该决定的沟通交流申请。FDA应在收到A类会议申请后30日内,组织沟通交流会议。

B类会议包括:(1)研究用新药申请提交前沟通交流会(Pre-IND Meetings);(2)紧急使用授权的沟通交流会议。FDA应在收到B类会

---

1 CDER, CDER 21st Century Review Process Desk Reference Guide, *New Drug Application and Biologics License Applications Reviews*, FDA, 41–42 (2014).

2 CDER, CBER, Guidance for Industry, *Formal Meetings between the FDA and Sponsors or Applicants*, FDA, 10 (2009).

议申请后60日内，组织沟通交流会议。

C类会议为A类、B类会议之外的沟通交流会，FDA应在收到C类会议申请后90日内，组织沟通交流会议。

2. 我国的制度建设

沟通交流是药品注册申请人与药品审评机构在药物研发的里程碑阶段，就特定阶段的重大决策、重要科学问题、关键技术问题等进行充分讨论，在此基础上形成继续推进研究、中止研究、暂停研究等决策建议，从而化解研发风险。各国药品监管部门均将沟通交流作为促进药物创新研发的重要措施之一。

在2019年修订后的《药品管理法》第27条中，将“建立健全沟通交流……等机制”视为“完善药品审评审批工作制度”的重要方略。2020年颁布的《药品注册管理办法》则将沟通交流列为药品注册管理的基本制度，沟通交流可以由申请人发起，也可以由药品审评中心等专业技术机构发起。申请人在药物临床试验申请前、药物临床试验过程中以及药品上市许可申请前等关键阶段，可以就重大问题与药品审评中心等专业技术机构进行沟通交流。药品注册过程中，药品审评中心等专业技术机构可以根据工作需要组织与申请人进行沟通交流。《药品注册管理办法》还授权药品审评中心等专业技术机构制定并公布沟通交流的程序、要求和时限。[1]

《药物研究与技术审评沟通交流管理办法》中规定，沟通交流系指在药物研发与注册申请技术审评过程中，申请人与药审中心审评团队就现行药物研发与评价指南不能涵盖的关键技术等问题所进行的沟通交流。沟通交流的形式包括面对面会议、视频会议、电话会议或书面回复。

目前，我国将药物研究与技术审评环节的沟通交流会议分为Ⅰ类、

1　参见《药品注册管理办法》第16条。

Ⅱ类和Ⅲ类会议，此种分类方式与标准，与美国法上的制度安排颇为类似。[1]申请人与审评团队在沟通交流过程中可就讨论问题充分阐述各自观点，形成的共识可作为研发和评价的重要参考。沟通会议应形成会议纪要，会议纪要应准确、全面地反映会议过程、主要讨论内容和会议预期目标的实现情况。

应充分发挥不同沟通交流渠道的作用，如沟通交流会议、一般性技术问题咨询、电话咨询、传真邮件咨询、问询式沟通交流等。同时应充分发挥技术指导原则的规范和指导作用，以减少不必要的沟通交流，让沟通交流资源能“好钢用在刀刃上”。[2]

（二）指导原则

在美国，为了让企业了解FDA对药学技术的要求及标准，减少药物研发的盲目性，FDA的药品审评与研究中心制定了科学、全面、具有可操作性的药物研究指导原则。这些指南虽然无法律效力，但如按照相应指导原则进行药物研发，会相对较为容易符合FDA的新药审评标准。研究指南不是一成不变的，FDA会根据现行科技的发展修订或撤销原有的指导原则，使指导原则保持有效状态。指导性文件“尽管代表了部长对食品药品管理局管辖权范围事务的见解，但不得为任何人创造或限制任何权利”。[3]

---

1 Ⅰ类会议，系指为解决药物临床试验过程中遇到的重大安全性问题和突破性治疗药物研发过程中的重大技术问题，或其他规定情形而召开的会议。Ⅱ类会议，系指为药物在研发关键阶段而召开的会议，主要包括新药临床试验申请前会议、药物Ⅱ期临床试验结束、Ⅲ期临床试验启动前会议、新药上市许可申请前会议、风险评估和控制会议。Ⅲ类会议，系指除Ⅰ类和Ⅱ类会议之外的其他会议。

2 参见李培：《国内药品注册沟通交流制度介绍与思考》，《中国药事》2021年第12期。

3 FD&CA, Section 701(h)(1)(A).

欧洲药品局制定了大量的指导原则，其中涉及质量（73个）、非临床（67个）、临床治疗药物的有效性和安全性（202个）、生物产品（92个）四方面的指导原则共计434个。此外，欧洲药品局还制定了时限、会议、电子申报、流程等有关管理指导文件56个。欧洲药品局在制定指导原则时，也汲取了科学界、工业界、高等学校和研究所的见解，借鉴了美国、欧盟各成员国的指导原则，从而使得制定的指导原则体现着高水准的科学精神，有效地指导了欧盟国家的药物研究和药物评价。

在药品审评过程中，药品审评部门为了提高药品审评效率，改进药品审评质量，减少申请人的负担，令申请人更加明确自己应如何准备申请资料，应就特定药品技术审评事项中的共性问题、共同内容制定技术审评指导原则。[1]目前，国家药品监督管理局药品审评中心网站上设有“指导原则专栏”，适用范围包括中药、化学药和生物制品，指导原则专业分类涉及药学、临床、非临床、临床药理、生物统计及多学科。截至2022年底，2020年以来经国家药品监督管理局审核同意由药审中心发布的指导原则累计达218个，已发布现行有效指导原则合计418个。[2]

相较于美国和欧盟而言，中国药品技术审评指导原则数量过少，分布也不合理。指导原则覆盖的专业和评价关键环节过少，药学、药理毒理和临床等专业还缺少很多针对特定问题的指导原则，某些特定类型药物审评尚缺乏相应指导原则。在我国药品技术审评原则的形成过程中，译介国外技术审评指导原则以资参考，成为一种相对快捷的途径。

1　日本行政法中有关于“以多数人员为对象的行政指导”的讨论，参见［日］室井力、芝池义一、浜川清主编：《日本行政程序法逐条解释》，朱芒译，上海三联书店2009年版，第246—247页。

2　《2022年度〈国内外药品技术指导原则对比研究〉课题结题会顺利举行》，国家药品监督管理局药品审评中心官网，2022年12月28日。

例如，2009年初，国家食品药品监督管理局药品审评中心系统启动了翻译和转化国外技术指导原则的工作，2009年9月在官方网站上公布了第一批国外参考指导原则45件，均系FDA颁布的指导原则，供国内药物研发与审评参考。

第一，应进一步强化技术审评指导原则在我国药品研究开发和注册管理中的地位，解决数量少和布局不合理的问题，尽快出台更多、更具专门性和指导性意义的药品技术审评指导原则。

第二，应改进我国药品审评技术指导原则的本土化程度。目前的药品审评技术指导原则多以学习国外为主，颁布的指导原则受ICH和FDA等的指导原则影响较深，创新性较低。而且，有时由于借鉴痕迹较重，对相关技术要求的科学背景和考虑缺乏深刻理解，这些原则并不适合中国国情，在适用中人们也很难真正理解原则背后的精神。未来，不仅应借鉴国外药品审评技术指导原则的内容，还应充分理解国外技术指导原则形成的具体背景，结合我国药物研发和药品审评实践，制定适合中国实际需要的药品技术审评指导原则。

第三，着力规范药品技术审评指导原则的形成程序，使得药品监管机构、药品审评部门、医药企业、科研机构和患者都能参与指导原则的形成过程。

（三）通用技术文件的引入

2003年7月以前，各国对药品注册文件申请并无统一格式。ICH为解决这一问题，决定采用通用技术文件格式。

通用技术文件是国际公认的药品注册文件编写格式，用以制作向药品注册部门递交的、结构完备的注册申请文件。通用技术文件主要由五大模块组成：模块1为管理信息与规定信息，模块2为通用技术文件的概要，模块3为质量研究报告，模块4为非临床研究报告，模块5为临床研究报告。[1]

模块2至模块5所涉及的内容在各个地区是相同的，具有通用性。模块2为通用技术文件的概要，主要包括七部分内容：(1) 通用技术文件总目录；(2) 申请药品的一般介绍，主要对药品的作用和临床适应症加以简要说明；(3) 质量全面概要；(4) 非临床研究综述；(5) 临床研究综述；(6) 关于药理、药物代谢动力学、毒理学研究等非临床研究的概要；(7) 关于生物药剂学及相关分析、临床药理学、临床疗效、临床安全性、参考文献、个体研究状况等的临床研究概要。模块2旨在总结药品申请文件中有关药学研究、非临床研究和临床研究的数据，并对关键性数据部分加以处理和分析。本模块是对药物质量、非临床和临床实验方面内容的高度总结概括，必须由合格的和有经验的专家来担任文件编写工作。

模块3为质量研究报告，涉及原料和药物制剂的质量控制内容，主要包括原料药的总体信息、制造、产品特征、原料药生产的控制、参照标准或材料、密封系统、稳定性，药品的描述和组成、药物开发状况、生产、辅料的控制、药品的控制、参照标准、包装密封系统、稳定性等。

模块4为非临床研究报告，主要涉及药品的药理学、药物代谢动力学、毒理学研究报告。

模块5为临床研究报告，是在ICH制定的相关临床指导原则下，按照特定的结构，针对所进行的各项临床试验的原理、内容和结果等提供详细的报告。主要包括：生物药剂学研究报告，药代动力学研究报告，药效学研究报告，生物利用度、有效性和安全性研究报告等。

通用技术文件格式的特点是先出结果，后陈述过程，再附上支持性试验数据。资料整理模块化，试验设计及结果表格化、数据化，质量标

1　ICH M4 Common technical document(CTD) for the registration of pharmaceuticals for human use，欧洲药品局官网。

准划分为放行标准与货架期标准。将杂质分析单独列出，强化了对杂质谱的分析。增加了上市后稳定性承诺和稳定性方案。

在全球化的背景下，我国药品监管部门逐步认识到，以通用技术文件格式提交电子化、格式化的药品申报资料，从整体上对申报材料提出了更高要求，有助于规范药物研究开发，有助于更为合理地配置审评资源，有助于更好开展仿制药审评及比对工作，有助于促进规制国际化。因此，国务院药品监督管理部门在研究ICH通用技术文件的基础上，于2010年9月颁布了《化学药品CTD格式申报资料撰写要求》。[1]这也凸显了全球行政法及药品审评国际化的趋势。[2]

---

1 《关于按CTD格式撰写化学药品注册申报资料有关事项的通知》，国家食品药品监督管理局，国食药监注〔2010〕387号，2010年9月25日。

2 参见宋华琳：《中国药品审评法律制度的行政法改革》，《行政法学研究》2014年第3期。

第三章

药品上市后监管立法与药物创新

现行《药品管理法》第5条规定:“国家鼓励研究和创制新药,保护公民、法人和其他组织研究、开发新药的合法权益。”药品上市后监管作为药品监管的重要环节,受到更多的关注。对于药品的非临床安全性和有效性的研究而言,我国虽然已经有一套较规范的管理法规和技术要求,药品风险管理意识也逐步加强,但仍需借鉴先进国家的经验,以期完善我国的药品上市后监管体系。[1]对于新药而言,上市后监管可以在一定程度上保障新药品的用药安全,保证新药发挥预期的效用,同时为未来药物研发提供经验数据。

一、风险监管立法与药物创新

药品需经过漫长的研究开发、制造、流通环节,其本身存在着固有的风险。药品风险可能源自实验室阶段、非临床安全评价阶段或者临床研究阶段,也可能源自生产、经营、储存、运输、使用等上市后阶段,还可能是由特定的药物相互作用或患者特异体质所致。

---

1 任经天:《浅谈我国药品上市后临床研究的监管》,《药物警戒》2007年第2期。

上市后的药品并非完全安全。药品上市后安全性监测的主要内容之一是药品的风险监管。药品风险监管包括风险监测和评估、风险控制及风险警示交流。风险管理的目标并非完全消除风险,而是达到风险收益的平衡。药品上市后风险控制是通过对上市后药品的安全性监测,发现和衡量风险,对药品风险收益进行综合评价,从而采取适宜的策略与方法,以最经济有效的方式实现风险最小化,这是一个长期的、持续的、复杂的管理过程。[1]

(一)风险监测和评估

风险监管的第一步是通过收集和分析药品使用过程中的相关数据,尽快、明确地判断出药品的风险信号,并初步估计这些风险信号可能造成的损失。

收集信号包括主动收集和被动收集。[2]主动收集是预先假设风险可能存在,通过主动观察和调查去发现潜在的药品风险。被动监测是已经发生不良反应,产生风险信号以后,通过实验证实风险存在以及初步评估风险程度。

风险信息的收集主要由药品上市许可持有人、药品生产企业和药品监管部门完成。药品上市许可持有人应制订药品上市后风险管理计划,主动开展药品上市后研究,主动收集、跟踪分析疑似药品不良反应信息,综合运用查看病例、电话以及当面询问等方法监测与收集风险信息。通过抽取病例数进行调查研究,确立某些重点监测的风险类别和药品种类,开展药物流行病学研究,研究风险事件的发生率和影响程

1 唐慧鑫、马爱霞、孙骏:《制药企业上市药品风险管理体系初探》,《药物警戒》2008年第4期。

2 王明珠、李野:《药品上市后的风险管理系统》,《中国药物经济学》2008年第2期。

度，为上市后风险监管提供依据。

药品生产企业内部应设立监测机构，跟踪调查药品上市后的有效性和安全性，收集风险信息。其目的是评价药品安全的边际效应、探测药品潜在的风险因素、分析风险成因，包括分析药品剂量、药品使用时间、服药者特征等。

药品监管部门应履行监管之责，组织领导风险监测与评估工作。药品监管机构应明确风险监测重点、制订风险监测计划，建立风险监测机构并明确职责分工，提供风险监测的资金与设备以及记录，分析研判风险信息。

我国《药品管理法》以专章设定了“第七章 药品上市后管理”，其中部分条款涉及药品上市后的风险管理，形成了基本的监管框架，但尚缺乏具体而细致的制度规定。欧盟《人用药品指令》和美国《食品、药品与化妆品法》对药品上市后监管做出了较为缜密的规定，在此选取、列明相关法律规定，从而为我国药品上市后风险监管法律制度的完善提供借鉴。

1. 欧盟风险监测相关立法

欧盟《人用药品指令》第107b、107d条规定了药品定期安全性更新报告的制度，第107h条对药品风险变化、新风险的监测、风险评估、风险管理制度加以规定。

第107b条

1. 上市许可持有人应向欧洲药品局提交包含以下内容的定期安全性更新报告：

(a) 与药品风险收益相关的数据概要，包括所有研究的结论，并附有对上市许可造成潜在影响的考量；

(b) 对药品风险收益平衡的科学评估；

(c) 关于药品销售的所有数据，以及上市许可持有人所拥有的关于处方量的所有数据,包括对使用药品的人口数量的估算。

(b)项所提及的科学评估应以所有可用数据为基础,包括对未经许可的适应症和人群所进行临床试验的数据。

应以电子形式提交定期安全性更新报告。

欧洲药品局应该通过欧盟第726/2004号法规第25a条所提及的知识库形式,将定期安全性更新报告向国家主管当局、药物警戒风险评估委员会、人用药品委员会以及协调小组公开。

3. 作为豁免适用本条第1款的情况,本指令第10条第1款、第10a条所提及的药品上市许可持有人,第14、16a条所提及的药品登记的持有人,在以下情况下,应提交定期安全性更新报告:

(a)根据本指令第21a、22条的规定,将提交定期安全性更新报告的义务作为获得上市许可的条件;

(b)主管当局基于相关药物警戒数据,或由于上市许可批准后,缺乏活性物质的定期安全性更新报告,可提出提交定期安全性更新报告的要求。定期安全性更新报告的评估报告应该送达药物警戒风险评估委员会,由其考虑是否需要对包含同一活性物质的、获上市许可的所有药品做一份单独评估报告。相应地,适用本指令第107c条第4款、第107e条规定的程序,通知协调小组或人用药品委员会。

第107d条

国家主管当局通过对定期安全性更新报告的评估,确定药品是否存在新的风险,或已有风险是否发生变化,或药品的风险收益平衡是否改变。

第107h条

1. 对根据本指令获得许可的药品,国家主管当局应和欧洲药品局协作，采取如下措施：

（a）监控风险管理计划中包含风险最小化措施的结果，以及是否符合本指令第21a、22、22a条中规定的条件；

（b）评估风险管理体系的更新；

（c）监测欧盟药物警戒数据库中的数据，以确定是否产生新的风险，或者风险是否发生变化，以及风险是否影响药品的风险收益平衡。

药物警戒风险评估委员会应该启动对新风险、风险的变化、风险收益平衡的变化信号的分析，并确定优先次序。当认为可能有必要采取后续行动时，则依据与相应问题的范围和严重程度相当的时间表，对这些信号进行评估，并就采取的任何后续行动达成一致意见。

欧盟关于已获许可药品的风险监管评估体系比较完备，许可持有方和监管方配合协作，更容易获得比较全面有效的信息，操作可能性和适应性强。同时，对药品风险定期提交报告、关注药品新风险的制度安排，能较为经济有效地实现风险最小化的长期的、持续的、复杂的管理需求。

2. 美国风险监测相关立法

2007年美国《食品药品管理局修正案法》第901条规定了"风险评估与降低策略"（Risk Evaluation and Mitigation Strategy，简称REMS）。当FDA认为申请人有必要提交风险评估与降低策略，以确保药品的收益高于所带来的风险时，FDA即有权要求申请人在提交药品申请时，提交风险评估与降低策略。该规定对新药申请、简化新药申请以及生物制品许可申请都适用。

当FDA获知某种药品的新的安全性信息后，当认为有必要时，有权要求本来无须提交风险评估与降低策略且已获药品审批的申请人提交相应策略，从而确保药品的收益高于风险。一旦FDA告知被批准者必须提交风险评估与降低策略，申请持有人必须在120日内，或者在FDA要求的其他合理时间内，向FDA提交拟议的风险评估与降低策略。

风险评估与降低策略的内容包括步骤表、用药指南、面向患者的说明书、沟通计划等。为以安全的方式向患者提供具有已知严重风险的药品，部长可以要求在这类策略中增加确保安全使用的要素，这包括：(1) 调配药品的医疗服务提供者，所具有的特定培训、经验或所获的特别认证；(2) 经过专门认证的，调配药品的药店、医师或医疗机构；(3) 某些药品只能在诸如医院之类的特定医疗机构调剂；(4) 只有有证据表明患者符合安全给药的条件时，才能给其调配药品；(5) 每名患者的用药都置于特定监控之下；(6) 服用药品的每名患者在登记簿上登记。此外，必须对风险评估和降低策略的有效性加以定期评估。[1]

美国《联邦食品、药品与化妆品法》第505B条规定，针对药品和生物制剂的儿童药许可申请，许可申请人须提交风险评估报告。

> 第505B(a)条
>
> 对于新药与生物制剂，(1) 一般规定，依据第505条或依据《公共卫生服务法》第351条申请(或补充申请)新的活性成分、新指示、新剂量表、新定量或新服用方法者，须与申请一起提交(2)所指的评估。
>
> 前款所指的评估，(A) 其评估内容须包括用适当公式对每个年龄组收集的数据，使得足以评估在指示中声称的，对所有相关儿科人群的药品或生物制剂的安全性和有效性，并且足以支持药品或生物制剂对每组儿科人群的定量和服用的安全性和有效性。

---

1 FD&CA, Section 505-1.

同时，前款所指的评估，还要(B)评估类似病程或类似药品或生物制剂的效果。如果病程和药品效果在成年和儿科患者中十分类似，部长可以决定儿科效果可以从充分而完备的成人研究中推断出来，通常补充其他从儿科患者中获取的信息，如药品动力学研究。如果从一个年龄组得出的数据可以推及其他年龄组，可以无须在每个儿科年龄组都做研究。

(3) 关于评估的中止。如果(A)部长发现药品或生物制剂在儿科研究完成之前，已经准备好等待对其成人使用的批准，或儿科研究需要推迟至另外的安全性或有效性数据收集之后，或有其他适当的中止理由，与此同时，(B)申请人也向部长提交推迟评估的原因证明，或对计划的、正在进行的研究的描述，以及研究正在进行或将尽力尽早进行的证据，那么部长可以主动或应申请人的请求，推迟提交(1)要求的某些或全部评估，直至有批准药品或签发生物制剂许可之后的某些特定数据。

(4) 对评估提交的放弃。(A)如果申请人证明且部长发现必要的研究是不可能的或极不可行的(例如，患者人数极少或其地理分布过于分散)，或有强有力的证据表明，药品或生物制剂对所有儿科年龄组都是无效或不安全的，或者药品或生物制剂对现行的儿科患者的治疗没有表现出有意义的疗效，并且不太可能用于大量儿科患者，那么适当时，部长可以自己主动或应申请人的请求，同意完全放弃依本分条对药品或生物制剂提交评估的要求。(B)如果申请人证明且部长发现必要的研究为不可能或极不可行的，或有强有力的证据表明药品或生物制剂对该年龄组是无效或不安全的，或者药品或生物制剂对现行的该年龄组儿科患者的治疗没有表现出有意义的疗效且不太可能用于大量该年龄组儿科患者，或申请人能够证明，制作该年龄组必需的配方的合理努力都已经失败，那么适当时，部长可以自己主动或应申请人的请求，针对特定的儿科年龄组，同意部分放弃依本分条对药品或生物制剂提交评估的要求。

美国对许可申请时提交风险评估报告的规定，针对许可申请人设定了义务。免除该义务时，设定了监管方的审查义务。欧盟则是由许可申请人提供风险评估报告，许可申请方和药品监管部门协同进行对评估报告的监管。

在安全信息获取和风险信号识别环节，我国与美国均将药品上市后不良反应报告作为安全信息的主要来源，也将其作为识别风险信号的主要依据。然而就报告主体和报告渠道而言，中美有明显的差异。

图3-1体现了中美上市后风险管理的异同点。

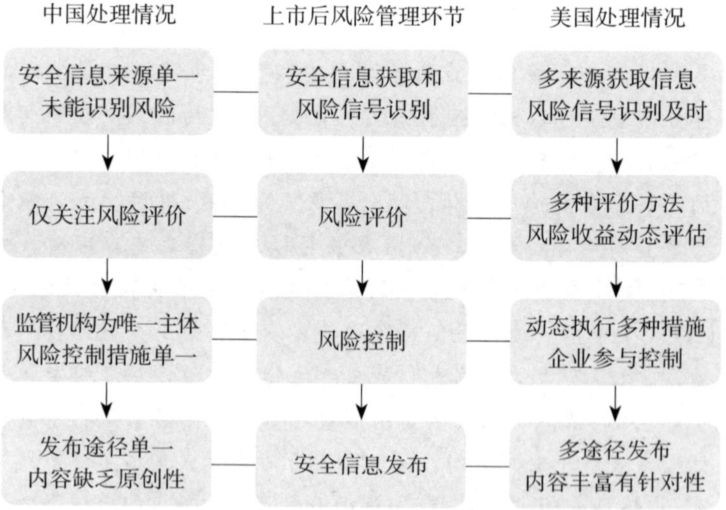

图3-1　中美上市后风险管理

美国通过建立患者、医护人员、医疗机构以及制药企业等多渠道报告来源，保证了不良反应报告获取的全面性。[1]在美国，药品生产企业成为监测药品上市后不良反应的最重要主体。而我国药品不良反应报告来源较单一，未明确不同主体在药品风险报告、监测、评估活动中的责任，亦未对风险监测报告质量做出明确要求。[2]我国药品相关立法尚未对药品风险评估周期、评估方法加以明确规定。

3. 小结

参考比较欧盟和美国关于风险监测与评估的立法例，笔者认为，我国应系统地收集、整理、分析和评估与药品安全相关的风险因素，完善药品安全风险监测制度、药品安全风险评估制度，使药品安全监管建立在更为科学、扎实的基础之上，可从以下几个方面着手完善我国药品风险管理相关立法：

（1）建立和完善药品上市后安全性研究管理制度。制定药品上市后安全性研究指南，规定药品上市后研究开展的目的，规定药品上市后研究的机构、人员、方法、流程、重点内容、研究信息管理等内容。

（2）细化药品风险评估及报告制度，明确评估及报告的主体，启动评估及报告的情形，评估报告的内容及质量标准，评估方法及报告制作规程，评估报告的提交，评估报告的研判及研判结果的处置等。

（3）药品安全风险评估是具有高度专业性、技术性的问题，为此，专家委员会作为集聚科学精英，汲取专业知识的平台，有助于更好地开展药品安全风险评估工作。建议借鉴《食品安全法》的立法例，规定国务院药品监督管理部门负责组织药品安全风险评估工作，成立由药学、医学、生物学、化学等不同专业的专家组成的药品安全风险评估专家委员

1　丁锦希、傅凌宇、孟立立、白庚亮：《中美西布曲明上市后风险管理比较研究及启示》，《中国新药杂志》2015年第14期。

2　丁锦希、傅凌宇、孟立立、白庚亮：《中美西布曲明上市后风险管理比较研究及启示》，《中国新药杂志》2015年第14期。

会,为药品安全风险评估提供咨询及专业支持。

(二)上市后风险控制

为达到最佳的风险控制效果,实现风险最小化,药品监管部门应根据具体的风险测评结果以及药品的具体情况,评估采取风险控制措施的必要性,执行相应的风险控制措施。

1. 欧盟风险控制相关立法

欧盟《人用药品指令》将药品安全风险监管的职责分配给许可持有人和监管方,其中第104条规定了上市许可人建立药物警戒体系的义务,规定了上市许可持有人通过对药物警戒体系的维护和评估完成药物警戒任务,采取适当的风险最小化措施、预防措施等。第104a、107f、117条则规定了药品监管部门监督许可持有人建立药物警戒体系、处理不同风险的药品的义务。

第104条

1. 上市许可持有人应建立药物警戒体系,以完成药物警戒任务,其功能上等同于本指令第101条第1款所规定的成员国的药物警戒体系。

2. 上市许可持有人应通过本条第1款规定的药物警戒体系,科学评估所有的信息,对风险最小化措施、预防措施的备选方案予以考量,并在必要的情况下采取相应的措施。

上市许可持有人应对药物警戒体系进行定期审计,将审计中发现的主要问题记录在药物警戒系统主文件中。根据审计的结果,准备并实施适当的纠正措施计划,一旦纠正措施得以充分实施,则可以将相关记录删除。

3. 作为药物警戒体系的一部分,上市许可持有人应当:

(a) 在他的安排下，确定一个适当的、有资质的人，持续、固定地负责药物警戒工作；

(b) 维护并按要求提供药物警戒系统主文件；

(c) 为每种药品设立一个风险管理体系；

(d) 对于风险管理计划中包含的风险最小化措施，或是根据本指令第21条(a)款、第22条、第22条(a)款制定的，作为上市许可条件中的风险最小化措施，对其结果进行监测；

(e) 更新风险管理体系，监测药物警戒数据，以确定是否产生新的风险，或风险是否有变化，或药品的风险收益平衡是否改变。

上文(a)项提及的有资质的药物警戒负责人，应该在欧盟居住和工作，并负责药物警戒系统的建立和维护。上市许可持有人应该向主管当局和欧洲药品局提交该适格人员的姓名和联系方式。

尽管有本条第3款的规定，但国家主管当局仍可以提名一名联系人，将国家层面上的药物警戒情况报告给有资质的药物警戒负责人。

第104a条

在不影响本指令第104条第2、3、4款的情况下，在2012年7月21日之前获得上市许可的药品，可以豁免适用本指令第104条第3款(c)项的规定，无须为每一药品建立风险管理系统。

2. 如果担忧已获上市许可的药品存在可能影响风险收益平衡的风险，国家主管当局可以向上市许可持有人施加义务，要求其建立本指令第104条第3款(c)项所提及的风险管理系统。在此情境下，国家主管当局也可以要求上市许可持有人就其打算建立的相关药品的风险管理体系，提交一份详细的描述。

设定这样的义务应有充分的正当化根据，应以书面形式通知上市许可持有人，其中应包括提交关于风险管理系统详细记述的时间表。

如果上市许可持有人在收到上述义务的书面通知后30日内提出请求，那么国家主管当局应为其提供一个提交书面观察报告的机会，作为对在规定期限内实施义务的回应。

4. 在上市许可持有者提交的书面观察报告的基础上，国家主管当局应或撤销对其科处的义务，或确认其仍有此义务。如果国家主管当局确认了此义务，应对药品上市许可做相应的调整，将要求其采取的措施，作为风险管理体系的一部分，作为本指令第21a条(a)款提及的上市许可条件。

第107f条

在对定期安全性更新报告进行评估后，国家药品主管当局应当考虑，是否有必要对相关药品上市许可采取任何行动。

在适当情况下，国家药品主管当局应维护、变更、中止或撤销上市许可。

第117条

1. 在不妨碍第116条中规定措施的前提下，如果有以下情况之一，成员国应采取一切恰当的步骤，保证禁止供应相应药品，保证药品撤出市场：

(a) 有害药品；

(b) 缺乏治疗疗效；

(c) 风险收益平衡是不利的；

(d) 药品的定性和定量组分构成与所宣称的不符；

(e) 未能实施对药品和/或药品成分的控制，未能实施对生产过程中间环节的控制，或未能履行批准生产许可时相关的某些要求或义务。

2. 美国的风险最小化行动计划

FDA于2005年3月24日发布了“风险最小化行动计划”(Risk Minimization Action Plan，简称RiskMAP)指南，就企业如何开发和应用药品风险最小化行动计划，给出了官方的观点和建议。[1]

风险最小化行动计划并非每个药品所必需，而是一种附加的风险管理策略。对某些药品而言，药品企业不仅要在产品标签上说明风险和收益，并对相应的安全风险予以报告，而且要针对产品风险给出额外的风险管理策略，以最大限度减少药品的已知风险，同时保持其收益。

FDA在考虑是否针对某药品适用风险最小化行动计划时，应当考察的方面为：(1) 风险和收益的类型、规模和频率；(2) 高风险人群和/或最大受益人群；(3) 替代治疗是否存在，其风险和收益为何；(4) 观察不良事件的可逆性。一般而言，当常规的风险最小化措施不足以使风险最小化，考虑令相对人实施风险最小化行动计划。

风险最小化的工具是旨在将已知风险削减至最少的过程或体系，目前应用的风险最小化计划工具主要有以下三类：针对性教育与延伸服务，提示系统，以及基于绩效的准入体系。

第一类工具是“针对性教育与延伸服务”(Targeted Education and Outreach)，其手段包括致医疗人员的信函，对医疗人员或患者的培训，对医疗人员进行继续教育，向专业人士或消费者发布重要信息，给患者提供用药指南和药品说明书。宣传教育的优点在于具有可行性，能为大多数人所接受。缺点是只能发挥有限的作用，不足以预防已有的严重风险。

第二类工具是“提示系统”(Reminder Systems)，当针对性教育与

1　Guidance for Industry: Development and Use of Risk Minimization Action Plans, FDA官网。

延伸服务的方法不足以将风险降到最低时，药品企业应当考虑使用提示系统，通过提示、提醒、复核或其他指导方式，引导医疗人员和/或患者在开处方、配药、用药等过程中，尽可能地降低风险。提示系统的优势在于尊重医生、药师和患者的自治，其干预性没那么强，并在部分程度上发挥着提供继续教育的作用。其缺点在于，发挥作用可能存在时滞效应，其发挥作用的关键在于医生和药师，实施成本较高。

第三类工具是“基于绩效的准入体系”（Performance-Linked Access Systems）。当药品对特定患者群能产生显著或独特效益，但仍然存在异常的风险，如不可逆的残疾或者死亡；当第一和第二类风险最小化工具（针对性教育与延伸服务以及提示系统）不足以将风险降到最低限度时，则选择第三类工具。要求专门认证的药房、执业人员来调剂药品，要求通过资格认定的医疗人员来开具处方。

制药企业应当定期评估风险最小化行动计划中使用的每一类工具，确保其有助于实现风险控制目标。效果不好的工具不仅不利于目标的实现，还可能增添不必要的费用或负担，影响药品的收益，还增加风险。

药品风险收益问题贯穿于药品的整个生命周期。因此，制药企业可自行决定，何时开展风险最小化行动计划。当有以下情形时，FDA也可提出风险最小化行动计划的建议：

第一，药品上市前，在药物临床研究或非临床研究中明确了相应风险，或在类似类别药品中发现相应风险时，那么该药品一上市，即应实施相应的风险最小化行动计划。

第二，药品上市后，如果通过药物警戒，能明确某一新的、严重的风险，而将风险削减至最小化有助于实现良好的风险收益平衡时，则应展开相应的风险最小化行动计划。

FDA要求，药品企业向其提交的风险最小化行动计划，必须包括背景、总体目标和具体目标、策略和工具、评价计划等内容，并附有相应的目录。

3. 中国制度的缺失

（1）药品上市后风险控制法规还有待进一步健全完善

如前所述，我国《药品管理法》规定了药品生产质量管理规范制度、药品不良反应报告制度、药品说明书和标签制度、药品召回制度等。法规、规章和规范性文件的颁布，使得药品上市后风险控制法规有大致轮廓。但在药品注册法规层面，我国药品上市后风险控制法规仍不完备、不系统，还存在较多的法规空白。

（2）药品上市后风险控制技术仍有不足

现有药品监管法规未能为药品企业实施风险控制设定必要的法律要求，未能规定可操作的技术导引，在风险评估、风险最小化、风险减轻、药物警戒、药物流行病学研究等领域，还未出台完备的技术指南。药品企业究竟可以使用哪些风险控制工具削减风险乃至将风险降至最小化，还缺乏明确的导引。

（3）企业在上市后风险控制的作用尚未充分发挥

第一，长期以来，我国的药品风险管理是靠药品监督管理部门加强监管来实现的，国家药品监督管理局药品评价中心的监测数据是风险信号的主要来源，根据这些信号，药监部门采取责令停止药品生产、销售和使用，进行药品再评价，责令修改标签、说明书等干预措施。企业不仅未积极参与信息搜集、评价和干预，有时反而采取等、靠的方式，消极对待药品安全风险。

第二，企业缺乏风险控制意识，缺少风险控制手段。企业有时未能履行法定义务，未能按照国家法律、法规、规章、规范性文件和技术指南进行生产，未能履行及时评估药品安全隐患、报告药品不良反应、发布上市后警示、向药监部门呈报相关信息的义务。企业缺乏成熟的药物警戒和风险管理计划，在风险管理中处于被动地位。

第三，企业缺乏与医疗机构的畅通沟通交流机制。医疗机构在药品购销中处于强势地位，未能建立企业与医疗机构在药品上市后风险控制中的沟通交流与协作机制，因此，企业很难通过医疗机构搜集上市后风险信息；企业控制药品上市后风险的计划和方案，也很难获得医疗机构的支持与配合。这也制约了我国药品上市后风险控制工作的开展。

4. 我国制度改革的展望

（1）在制度设计中引入风险治理理念

在应对药品上市后的风险问题上，应引入合作式风险治理的理念，通过“分享的治理”（shared governance）的理念，通过药品监管部门与制药企业、药品经营企业、医疗机构的合作，减少监管成本，降低药品上市后的风险。

控制药品风险的责任首先在于企业而非政府，政府在药品上市后的风险控制中，更重要的是扮演监管者的角色，为企业的药品上市后的风险控制活动设定最低要求，并依法对企业的风险控制活动进行监管。通过政府的外在风险监管和企业的内在风险控制，来协同实现将药品风险降至最小化的目标。这也印证了现代政府监管理论中所谓“基于管理的监管”（management-based regulation）或“过程监管”、“基于体系的监管”、“基于绩效的监管”、“为实施法律展开的自我监管”等理念。[1]

应将药品上市后的风险控制和药品再评价、药品不良反应报告和监测等工作结合起来，应对不同类型的药品市场主体、不同药品企业、不同药品品种的风险加以评估，确定风险的优先次序。继而，将企业有限的风险控制资源，政府有限的风险监管资源，优先配置到对高风险的药品机构、药品品种、药品企业的风险控制之中。

---

1 Cary Coglianese, Management-based Regulation: Implications for Public Policy, in Risk and Regulatory Policy: Improving the Governance of Risk, *OECD Reviews of Regulatory Reform*, 160(2010).

（2）完善药品上市后风险控制法规体系

应完善药品上市后风险控制法规体系框架，在药品上市后风险控制理念的导引下，及时修订和完善药品生产、药品经营、药品不良反应、药品标签和说明书、药品召回等领域的法规，尽快制定针对药物使用、药物警戒等环节的规章或规范性文件，建立健全药品上市后风险控制技术规范指南体系。

（3）建立健全药品上市后风险控制技术规范指南体系

药品监督管理部门在尚未建立完善的药物警戒和药品不良反应监测、药品风险管理的法规情况下，可以借鉴美国和欧盟等国家和地区关于药品风险最小化行动计划、药品风险评估与降低策略、药物警戒与药物流行病学操作规范的规定，明确我国风险管理的技术要求，鼓励和引导企业逐步自主开展风险管理，制定关于产品质量系统评价方面的指导性文件。

药品生产企业还应在生产过程中通过检测数据和信息，评估产品的质量发展趋势，从而尽早发现产品存在的潜在质量风险问题，及时采取正确的改正和预防措施。

（4）强化药品生产企业在药品上市后风险控制中的作用

药品生产企业是药品安全的第一责任人，应加强药品生产企业负责人的责任意识。药品生产企业应肩负起药品令生命周期的安全性监测和风险管理工作。药品生产企业应在保证研究资料的真实性和完整性的基础上，收集国外已经上市并有临床应用的药品安全信息资料，依据药品上市后的临床应用安全信息，及时完善、修订药品的质量标准；应根据相应技术指南制订自身产品的药品风险管理计划，接受药品监督管理部门对药品风险管理计划实施情况的监督和检查。

药品生产企业要想实现削减药品风险的目标，不能“单打一”式地实施某种风险控制工具，而是要综合利用多种风险控制工具。例如，药品生产企业要明确其风险控制的总体目标与具体目标，可以通过引入全面质量管理，降低药品生产过程的风险；可以通过宣传教育，强化医生和患者对药品上市后风险的认知能力，为合理用药活动提供导引；可以通过提示系统和警示，引导医生与患者在开处方、配药、用药等过程中最大限度地降低风险；可以通过以绩效为基础的系统监控药品使用过程的风险。

（三）风险警示与风险交流

在药品上市后风险监管全过程中，监管机构应该通过多种途径，及时发布最新的药品安全信息、风险收益评估情况和监管措施，与医护人员和患者及时交流沟通。及时传递重要的药品安全信息，可以让医疗卫生专业人员、患者、消费者和其他利益相关者，获得上市药品最新的潜在风险和效益信息，从而有助于他们做出个体化治疗的明智选择，确保公众用药安全。[1]

1. 欧盟相关立法

欧盟《人用药品指令》规定了较为完备的风险交流体系，通过互联网、知识库等方式，由医疗专业人员、患者、国家主管当局、许可持有人及风险评估委员会等多主体参与风险信息的更新、发布和交流工作。该制度规定在《人用药品指令》第106、106a、107b、107h、107l条中。

> 第106条
>
> 各成员国应设立并维护一个本国的药品门户网站，并与根据欧盟第726/2004号法规第26条设立的欧洲药品门户网站链接。通过本国的药品门户网站，各成员国应至少让公众能获得如下

1 李姗、杨悦：《美国和加拿大药品风险沟通方法及其对我国的启示》，《中国新药杂志》2012年第21期。

信息：

（a）公共评估报告及其小结；

（b）产品特征概要和包装插页说明书；

（c）依据本指令获上市许可药品的风险管理计划概要；

（d）欧盟第726/2004号法规第23条所提及的药品列表；

（e）医疗专业人员和患者以多种形式向国家主管当局提交的报告药品可疑不良反应的信息，包括欧盟第726/2004号法规第25条规定的基于网络结构形式的信息。

第106a条

1. 一旦上市许可持有人打算就相关药品用药中的药物警戒信息发布公告，在其发布公告的同时或之前，应该通知国家主管当局、欧盟委员会和欧洲药品管理局。

上市许可持有人应保证其向公众发布的信息是客观的，且不具有误导性。

除非为了保护公众健康的需要而发布紧急公告，各成员国、欧盟委员会和欧洲药品局应该在就药物警戒相关信息发布公告前，至少提前24小时相互通知各方。

3. 当药品中的活性物质在不止一个欧盟成员国获得许可时，由欧洲药品局负责协调各国药品主管机关的安全公告，并提供向公众公开信息的时间表。

在欧洲药品局的协调下，各成员国应该尽一切合理的努力，就相关药品安全性信息中的共同内容及公布时间表达成共识。在欧洲药品局的建议下，药物警戒风险评估委员会可对安全公告提出建议。

当欧洲药品局和国家主管当局将本条第2、3款中提及的信息予以公开时，需删除任何涉及个人隐私或商业秘密的信息，除非其公开披露为保护公众健康所必需。

第107b条

欧洲药品局应该通过欧盟第726/2004号法规第25a条所提及的知识库的形式，将定期安全性更新报告向国家主管当局、药物警戒风险评估委员会、人用药品委员会以及协调小组公开。

第107h条

3. 欧洲药品局、国家主管当局和上市许可持有人应就监测到的新风险、风险的变化、风险收益平衡的变化，进行相互通告。

各成员国应该确保上市许可持有人就检测到的新风险、风险的变化、风险收益平衡的变化，通知欧洲药品管理局和国家主管当局。

第107l条

欧洲药品局应通过欧洲药品门户网站，将本指令第107b条至第107k条中涉及的最终评估结论、建议、意见和决定，能为公众所获取。

2. 美国相关立法

FDA的风险交流旨在帮助公众以通达信息为基础，就药品等健康产品做出选择。风险交流传递了药品的风险和收益，风险交流是面向公众和医药行业的互动过程。FDA就药品风险直接与药品生产者、处方开具者进行沟通，为产业界的风险沟通提供指南。[1]

部长应依法建立风险交流咨询委员会（advisory committee on risk communication），就药品等健康产品的风险交流向局长提出建议。委员

1 Risk Communication, FDA官网。

会应由风险交流专家、各风险领域的专家以及患者、消费者、医疗专业组织的代表组成。部长应与医疗专业团体、医学院、医学研究机构及其他利益相关方建立伙伴关系，以便与卫生保健提供者之间形成上市后药品风险交流的多元化体系。[1]

风险交流咨询委员会对药品风险交流策略和项目进行评估，以促使其达到最优的效果；风险交流咨询委员会对药品风险交流相关研究进行评估，促进关于药品风险和收益信息的分享。风险交流咨询委员会每年大致举行四次会议，除了依照《阳光下的政府法》《联邦咨询委员会法》规定不予公开的情形，其他会议都应向公众公开。[2]

3. 我国的制度概况及展望

相较而言，我国现行立法规定与欧盟法、美国法的不同在于，药品风险交流的主体相对单一。我国《药品管理法》第107条规定，国家实行药品安全信息统一公布制度，国务院药品监督管理部门统一公布药品安全风险警示信息，药品安全风险警示信息的影响限于特定区域的，也可以由有关省、自治区、直辖市人民政府药品监督管理部门公布。其他主体未经授权不得发布前述信息。

药品安全风险警示有助于引导消费者合理用药，使得公众了解产品质量和风险，在选择、使用时具有判断力；药品安全风险警示可以引起媒体和公众的普遍关注，给被监管方施加心理压力，起到警示作用；通过发布药品安全风险警示信息，有助于监管者锁定问题企业，从而对其进行重点监控，以加强企业的守法意识，促进药品质量的提升。

我国药品风险警示与风险交流的未来制度改进之道包括：

1　FD&CA, Section 567.

2　Charter of the Risk Communication Advisory Committee to the Food and Drug Administration, FDA官网。

（1）公布药品安全总体情况、药品安全风险警示信息、重大药品安全事件及其调查处理信息等药品安全信息时，应当及时、准确、全面，并进行必要的说明。[1]通过进行必要的说明，向公众解释清楚信息的相关背景、含义和考虑的因素，以保障公众的知情权。

（2）现行《药品管理法》第13条规定，各级人民政府及其有关部门、药品行业协会等应当加强药品安全宣传教育。这体现了药品安全风险交流的合作共治，或可以此为基础，在法律法规中规定药品风险交流委员会或药品风险交流合作共治机制的法律地位。药品风险交流不能靠政府部门单打独斗，应建立由各级人民政府、药品监管部门、卫生行政部门、专业技术机构、风险交流专家、相关风险领域专家、患者代表及家庭成员、消费者代表、医疗从业人员代表、企业代表等主体构成的风险交流委员会或风险交流机制，建立由上市许可持有人、药品监管部门、风险交流委员会共同配合协作的风险信息监测交流系统。

（3）扩充药品安全风险信息交流的工具包，推广利用互联网、知识数据库、移动设备软件应用等数字化风险交流工具。建立药品风险信息交流平台，实施便民化推广，及时发布和共享用药警示或处置信息，指导医务人员和公众合理用药。

（4）加强我国药品上市后安全数据管理，制订药品安全风险监测计划或药物警戒计划，推进药品企业与医疗机构的药物警戒系统相衔接，强化信息通信技术的应用。

（5）可考虑将药品上市后风险管理计划列入新药上市注册申请材料，并将资料公开，以用于药品上市后风险的社会共治。

1　参见《药品管理法》第107条。

二、上市后研究立法与药物创新

药品上市前研究并不能完全保证药品的安全性，还应在药品上市后继续展跟踪研究，并对其安全性和有效性进行再评价。药品的上市后研究是指药品被批准上市以后，遵循专门的研究方案对其利用情况及利用效应的研究，包括药品安全性研究、药品有效性研究、质量可控性研究和药品经济学研究。[1]它既是上市前研究的完善和延续，又为某些重大问题的解释、决策提供关键证据，是药品全生命周期管理的重要环节。上市后研究可以弥补药品上市前研究的局限性，为再评价提供证据来源，为科学决策提供基础，并通过反馈的信息指导新药研发。

（一）药品上市后研究的必要性

1. 药物上市前研究的局限性

在药物上市之前开展的药品临床前研究具有局限性，这体现在以下方面：第一，人和动物具有种属差异，这会带来药物代谢动力学的差别和药物反应的差别；第二，药物对主观反应的影响为人类所特有，而动物实验中却难以观察到这一点；第三，药物可能导致人体的皮肤反应、高敏现象以及迟后反应；第四，人体的疾病可影响对药物的反应；第五，药物临床前评价中实验动物数量有限。

药物临床试验的开展是药品获得上市许可的必备条件。但为药物上市而开展的药物临床研究，也具有一定的局限性：第一，临床试验病例数少。我国目前新药审批的Ⅰ、Ⅱ、Ⅲ期临床试验一般不会累积超过

1　赵建中、谢松梅、杨进波、王涛：《不同国家药品上市后研究管理现状比较》，《中国新药杂志》2014年第22期。

500 例的用药经验，实际上500例甚至不足以监测2%发生率的不良反应；第二，临床试验疗程较短，一些需经长时期应用才能发生或停药后迟发的药品不良反应不易被发现；第三，试验对象范围太窄，一般将老年患者、孕妇、婴儿和18 岁以下的青少年患者以及合并严重肝、肾功能不全的患者排除在外；第四，研究条件控制太严，为了减少混杂，往往对研究对象有着严格的要求，如严格的入选标准和排除标准、限制研究期间的合并用药，这也和临床用药的现实有较大差距；第五，试验目的太单纯，往往就是为了证明药品安全有效，而有确定目的的研究往往会影响研究的科学性、客观性、中立性。这些局限性导致上市前临床研究和上市后临床用药之间存在较大的差距。[1]

2. 药品使用的多样性和复杂性

药品在实际使用过程中，涉及的因素比上市前临床试验还复杂。第一，种族和遗传因素会对药效产生影响；第二，病理因素会改变药效和药物毒性；第三，合并用药会导致药物之间的协同和拮抗作用；第四，生理、心理以及社会因素对药品使用的有效性、安全性都会产生影响；第五，国内临床多年来存在不合理用药问题。上述因素都会给药品上市后使用带来新的风险收益评价问题。

3. 药品企业、医疗机构等有从事药品上市后研究的义务

药品安全监管旨在从制度上削减药品风险，对药品研究开发、生产、经营和使用环节进行全过程监管。目前，我国药品注册监管与药品上市后安全监管分别隶属于药监部门内设的不同分支机构，而药品上市后研究法律法规还较为欠缺。但作为全过程的药品监管，应加强药品上市后监管，注重药品上市后监管和药品注册审批的衔接配套。为此，切实要求相关责任主体履行药品上市后研究义务，有助于切实保障药品安全有效，捍卫公众健康权益。

1 参见杨乐、吴晔：《浅谈加强我国药品上市后研究》，《药物警戒》2007年第9期。

药品质量是研发、生产出来的，而非监管出来的，因此，药品的研发者、生产者有确保药品安全有效的义务。药品上市许可持有人获得药品注册证书，意味着药品符合法定的上市条件，但不意味着企业就可以在药品上市后，豁免后续研究的义务。切实开展药品上市后研究，是药品监管机构依法设定的义务，是上市许可持有人应该遵守的后续责任。

(二)欧盟上市后研究立法

欧盟《人用药品指令》规定，当许可持有人自愿或义务地开展非干预性的上市后研究时，主管当局负责从研究方案的批准到研究进行的整个过程，对许可持有人的研究全程进行监管。上市许可持有人负责评估研究报告的评估，衡量风险收益，最终评估结果对药品上市许可的影响，根据协调小组成员国代表协议的结果而定。欧盟《人用药品指令》第107m、107n、107p、107q条对此加以规定。

第107m条

1. 本章适用于由上市许可持有人或自愿，或根据本指令第21a、22a条施加的义务，启动、管理或提供经费，开展的非干预性的上市后安全研究(non-interventional post-authorisation safety studies)，该研究涉及从患者或医疗专业人员处搜集安全资料。

2. 本章不影响国家和欧盟为了保护参与者福祉和权利，对非干预性的上市后安全研究设定要求。

3. 当开展非干预性的上市后药品安全研究会促进某一药品的使用时，该研究不得进行。

4. 对医疗专业人员参与非干预性的上市后安全研究的酬劳，应以补偿其时间损失和支出为限。

5. 国家主管当局可以要求上市许可持有人向成员国的主管当局，提交所进行的上市后研究的方案和进展。

6. 上市许可持有人应该在数据收集完毕后12个月内，向成员国的主管当局提交最终报告。

7. 在研究的进行过程中，上市许可持有人应对生成的数据进行监测，并分析其对相关药品的风险收益平衡所产生的影响。

任何可能影响评估药品风险收益平衡的新信息，都应呈送给依据本指令第23条批准该药品上市许可的成员国主管当局。

本条第2款中设定的义务，不影响上市许可持有人通过本指令第107b条中规定的定期安全性更新报告形式，让公众获知有关上市后研究结果的信息。

8. 本指令第107n条至第107q条的规定，仅适用于本条第1款提及的，根据本指令第21a条或第22a条施加的义务而进行的研究。

第107n条

1. 在研究开始前，上市许可持有人应向药物警戒风险评估委员会提交一个草拟的研究方案。此规定不适用于依据第22a条，仅在一个成员国内进行的研究。对于依据第22a条进行的研究，上市许可持有人应将草拟的研究方案提交给开展研究所在成员国的主管当局。

2. 在收到草拟研究方案后60日内，国家主管当局或药物警戒风险评估委员会可以视情况而定，发布：

(a) 一封认可草拟研究方案的函件；

(b) 当有如下情况之一时，可以发布一封异议函件，并应详细列出反对此草拟研究方案的理由：

(i) 其认为该研究的进行会促进某一药品的推广使用；

(ii) 其认为研究的设计不能实现该项研究的目标；

（c）一封通知上市许可持有者的函件，告知该研究是属于欧盟第2001/20/EC号指令调整范围的临床试验。

3. 只有当国家主管当局或药物警戒风险评估委员会根据具体情况，发布书面的认可函件，该项研究才可以开始进行。

当已发布本条第2款(a)项提及的书面认可函件后，上市许可持有人应将研究方案呈送开展研究所处成员国的主管当局，其后可以根据被认可的研究方案，开展上市后研究。

第107p条

1. 研究完成后，除非国家主管当局或药物警戒风险评估委员会根据具体情况，做出书面豁免决定，否则应在数据收集完毕后12个月内，向国家主管当局或药物警戒风险评估委员会提交最终报告。

2. 上市许可持有人应该评估上市后研究结果是否对上市许可产生影响，在必要时，应向国家主管当局提交变更上市许可的申请。

除了最终报告，上市许可持有人还应将研究结果的电子版摘要，提交给国家主管当局或药物警戒风险评估委员会。

第107q条

1. 基于上市后研究结果，在咨询上市许可持有人后，药物警戒风险评估委员会可以提出针对药品上市许可的建议，并说明所基于的原因。该建议应提及不同的立场，以及每一立场基于的背景。

2. 当该建议是变更、中止、撤销成员国根据本指令授予的药品上市许可时，协调小组内的成员国代表应该考量该建议，并就此问题达成一致协议以及实施该协议的时间表。

如果协调小组内成员国代表就将采取的行动形成合意，达成协议，则由小组主席对该协议进行记录，并送达上市许可持有人和成员国。成员国应该根据协议制定的执行时间表，采取必要措施，来变更、中止或撤销相关上市许可。

当达成变更相关上市许可的一致协议时，上市许可持有人应该在执行时间表规定的期限内，向国家主管当局提交一份适宜的变更申请，其中包括更新的产品特征概要和包装插页说明书。

应通过根据欧盟第726/2004号法规第26条设立的欧洲药品门户网站，公布该一致协议。

如果不能通过形成合意达成一致协议，则将协调小组内多数成员国代表的立场提交给欧盟委员会，由其根据本指令第33、34条规定的程序做出决定。

当协调小组内的成员国代表所达成的一致协议或大多数成员国代表的立场，与药物警戒风险评估委员会的意见不一致时，协调小组应为一致协议或大多数成员国代表立场附以一份详尽的说明，以科学背景为基础，就意见不一致给出详细解释。

（三）美国上市后研究立法

在美国，如果FDA要求企业进行药品上市后研究，或者企业与FDA缔约表示要从事药品上市后研究，其研究内容主要涉及药品临床使用的安全性、有效性，临床药理学以及临床前阶段的毒理学研究，那么除非FDA认为企业已经履行完毕上市后研究承诺，或认为药品上市后研究不再可行，或不能再提供有用的信息，否则企业每年有义务向FDA提交药品上市后研究的进度表和年度报告。该报告必须说明药品上市后研究取得的最新进展，或未能充分履行药品上市后研究的原因。[1]

1　21 U.S.C. 356b(b).

以下列举了《联邦食品、药品与化妆品法》《联邦法规汇编》中有关美国药品上市后研究的规定：

1.《联邦食品、药品与化妆品法》的规定

依据《联邦食品、药品与化妆品法》第506B条关于药品上市后研究的要求，任何上市后状况报告信息，如果有助于确定申办者的资格，或有助于确定药品上市后研究状况，以及厘定未能履行上市后研究义务原因的，则将被界定为公共信息（public information）。该条款适用于所有依据第506B条进行的药品上市后研究报告。

第506B条授予FDA公开公共信息的法定权力，但商业秘密和个人隐私信息不在公开范围之内。FDA关于上市后研究现状的年度报告，将会刊载于《联邦登记》，FDA官网上也会发布与上市后研究承诺有关的信息。FDA发布的这些信息，其基础是申办者提交的年度报告中的信息、FDA药品审批信息以及FDA审查药品上市后研究承诺的信息。[1]

第506B条

1. 当FDA要求药品申办者从事药品上市后研究，或申办者以书面形式同意开展药品上市后研究时，研究内容涉及药品的临床安全性、有效性，临床药理学或者非临床毒理学时，药品申办者应提交“506B报告”，对上市后研究承诺的状态加以说明，报告中的信息将被收录于《联邦登记》中FDA提交的年度报告里，也会公布在FDA官网中药品上市后研究承诺的网页上。

2. 这些关于药品上市后研究承诺的规定，适用于所有通过审批的药品。哪怕药品获得批准后未投入市场销售，也应适用这些规定。

3. 这些规定只适用于依据《联邦食品、药品与化妆品法》界定

1　21 CFR 314.81(b)(2)(vii); 21 CFR 601.70.

> 为“药品”的产品，而不适用于医疗器械和兽药。
>
> 4.《联邦法规汇编》第21篇第314.81(b)(2)部分规定，即便并非“506B报告”所要求的药品上市后研究，但根据《联邦法规汇编》第21篇第314.81条(b)(2)(vii)部分关于年度报告的要求，获得新药许可的申办者将继续向FDA其他的药品上市后研究进展：这包括无须向FDA承诺的其他自愿性研究；同意FDA要求，对化学、生产和控制进行研究的承诺(CMC承诺)；以及所有的产品稳定性研究。这些药品上市后研究并非第506B条规定的药品上市后研究，因此不应受第506B条的约束。
>
> 出于研发新适应症、新给药途径、新包装材料或密封系统等多种缘由，制药企业自身可以启动自发性的药品上市后研究。自发性的药品上市后研究不适用第506B条的报告要求，而应适用于《联邦法规汇编》第21篇第314.81条(b)(2)(viii)部分的要求，要求企业在年度报告中的另一专门部分，告知FDA自发性药品上市后研究的状况。

2.《联邦法规汇编》的规定

根据《联邦法规汇编》第21篇第314.81条(b)(2)(vii)款的规定，除非FDA以书面形式通知制药企业，告知企业已履行完毕研究承诺，或研究不再具有可行性，或研究不能再提供有用信息，否则履行药品上市后研究承诺的制药企业每年应提供相应的“506B报告”。该条款很少适用于仿制药申请的持有者。

根据《联邦法规汇编》第21篇第314.81条(b)(2)(viii)款的规定，制药企业向FDA提交的年度报告，内容应包含企业正在进行的自发性研究，企业已同意实施的化学、生产与质量控制研究承诺，以及开展的所有稳定性研究。

根据《联邦法规汇编》第21篇第314.81条(b)(2)(vii)款的规定，

FDA在《联邦登记》及其官网上，公布在年度报告中所收到的企业履行药品上市后研究承诺的信息。自愿性研究信息，化学、生产与质量控制研究承诺以及稳定性研究信息，都不在FDA公开信息的范围之内。

3. 上市后研究的公开

根据《联邦食品、药品与化妆品法》第506B条(c)款的要求，FDA应每年在《联邦登记》中发布一份关于药品上市后研究的报告，报告应包括以下内容：

1. 公开做出上市后研究承诺的申办者数量；

2. 公开做出上市后研究承诺的数量；

3. 申办者已公开做出上市后研究承诺，但在药品获批准满一年后60日内，仍未提交年度报告的数量；

4. 已完成上市后研究承诺的数量：

——履行上市后研究承诺的情况；

——上市后研究已完成，但未能符合申办者承诺的情况；

——研究未完成，但FDA认为该研究不再可行，或不能再提供有用信息，而解除该承诺的情况。

FDA官网公布的药品上市后研究信息，包括下列内容：

——申办者；

——产品；

——新药申请/生物制品许可号/仿制药申请编号；

——补充申请编号；

——新药申请/生物制品许可申请批准日期；

——应递交年度报告的日期；

——收到递交年度报告的日期；

——药品上市后研究承诺编号；

——如果是FDA要求开展的研究，其要求开展药品上市后研究承诺的依据；

——最初预计的完成日期；

——对承诺的描述；

——当前履行药品上市后研究承诺的状态；

——对于迟延的或终止的研究而言，对其状态加以解释。

FDA以自己的电子数据库为基础，来公开相应的药品上市后研究承诺信息。在将新信息添加到数据库之前，FDA将审查其准确性。只有经药品审评与研究中心（CDER）和生物制品审评与研究中心（CBER）制作，并经过准确审查的信息，在网站上才能检索到。网页上不包括有关的专利信息，例如，不包括涉及药品化学、生产与质量控制关键技术的信息。为保证数据的准确性，FDA对数据库进行动态核查。

FDA按季度更新数据库信息，在每年1月、4月、7月和10月，在数据库中更新新的研究承诺、以前未列出的经准确审查的承诺，并刊载已有承诺的更新情况。目前，可在线就"上市后要求和上市后研究承诺"进行检索。[1]可以通过选择CDER或CBER，通过输入或选择公司名称、产品名称、药品注册编号、上市后研究承诺所处状态、特定法律依据、获药品注册时间等字段，进行数据库检索。

（四）我国的制度现况及改革方向

药品上市后研究是药品研究开发的持续，是药品风险管理的科学

1 Postmarket Requirements and Commitments, FDA官网。

依据，是药品申办者的应尽义务。在美国，FDA可以要求制药企业在申请新药注册时，即承诺开展后续的药品上市后研究，并及时提交研究进度表和年度研究报告，阐明不间断履行药品上市后研究的意义所在。

我国现行《药品管理法》第30条第2款规定，药品上市许可持有人对药品上市后研究承担责任；《药品管理法》第37条规定了药品上市许可持有人的年度报告制度，每年将上市后研究、风险管理等情况按照规定，向省、自治区、直辖市药品监督管理部门报告；《药品管理法》第77条规定，药品上市许可持有人应当制定药品上市后风险管理计划，主动开展药品上市后研究；《药品管理法》第127条对未按照规定开展药品上市后研究的行为设定了行政处罚。《药品注册管理办法》第76条规定："持有人应当主动开展药品上市后研究，对药品的安全性、有效性和质量可控性进行进一步确证，加强对已上市药品的持续管理。"

目前，我国药品法律、法规、规章中已有对药品上市后研究的规定，但未能就此出台专门的规章或规范性文件，未能将药品上市后研究作为药品风险监管的重要组成部分，予以系统规定；也未能明确药品上市许可持有人后续应如何开展上市后研究，如何向药监部门提交怎样的报告；尚未出台相应的药品上市后研究法规和技术指南。药品监管部门的重点是制定规则、标准，国务院药品监督管理部门可就药品上市后研究颁布专门的规范性文件，明确药品上市许可持有人履行药品上市后研究承诺的程序、义务与责任，明确药品监管部门对药品上市后研究的监管方略。

第一，推动建立药品上市后研究承诺制度，作为被监管者的上市许可持有人可与作为监管方的药品监管部门缔结上市后研究承诺，这相当于行政相对人和行政主体之间缔结的行政契约，以承诺的方式约定双方的权利与义务，从而实现政府监管与业界自律的结合。

第二，明确药品上市后研究的内容。上市后研究包括Ⅳ期临床试验、附条件批准药品的上市后研究以及上市许可持有人主动开展的上市后研究。Ⅳ期临床试验为新药上市后应用研究阶段，旨在考察广泛使用条件下的药物疗效和不良反应，评价在普通或特殊人群中使用的利益与风险关系，以及改进给药剂量等。对于附条件批准的药品而言，持有人应按照药品监管部门在药品注册证书中载明的“条件”，在规定期限内完成尚未完成的药物临床试验等研究工作。[1]

第三，在未来的药品上市后研究法规体系中，应明确上市许可持有人在药品上市后研究中的义务。药品监管部门在进行药品审评时，可以针对特定的上市许可持有人和特定的药品，要求持有人在药品上市后，必须履行上市后研究义务；持有人拟开展的药品上市后研究方案，应递交给药品监管部门审核；持有人应每年向药监部门递交相应的药品上市后研究进展报告，还可就药品上市后研究中发现的药品安全问题，随时向药监部门报告；持有人除了开展药品上市后临床研究，还可以就药品稳定性、理化性质、生产、质量控制等指标展开研究，并向药监部门报告。

第四，药品监管部门和药品评价机构应进一步健全完善对Ⅳ期临床试验的评价工作程序，建立与药品上市后研究承诺法规相配套的药品上市后研究技术规范、研究指导原则以及相关标准，针对Ⅳ期临床试验的方案设计、统计方法选取、临床数据管理等事项给出指南，明确如何在药品上市后，对临床安全性、临床有效性以及相应的毒理学、药理学进行评价，使得药品上市后研究方案更为科学、公正和客观。

第五，可在国家药品监督管理局或国家药品监督管理局药品评价中心官网上建立专门网页，公布药品上市许可持有人缔结的药品上市后研究承诺，公布持有人提交的药品上市后研究信息。

1　参见袁杰、王振江、刘红亮、刘沛主编：《〈中华人民共和国药品管理法〉释义》，中国民主法制出版社2019年版，第153—154页。

三、药品再评价立法与药物创新

药品许可实质上包含了监管部门对药品风险和收益的衡量，不存在零风险的药品，对药品风险和收益的衡量也要受当时医药科学发展水平等诸多因素的制约，而且许多药品风险、药品副作用和不良反应是在药品使用若干年之后才逐渐呈现出来，需要更多的试验资料、临床数据以支持基于科学的推理。

药品上市许可并非药品临床评价的结束，而是在临床实际应用条件下，在大样本人群应用中接受考察的开始。药品再评价（Reevaluation）制度即是“向后看”的制度，是以确保药品安全性和有效性为目的，根据医药学的最新学术水平，对已经批准上市的药品进行分析评价，根据评价结论采取相应措施。药品再评价制度与药品上市许可制度作为药品监管制度中层层相扣的链条，有助于建构药品风险监管的全过程制度体系。

例如，韩国《药事法》第33条题为“药品再评价”，规定当韩国食品药品管理局局长认为有必要对药品效用、安全性、有效性进行检视，或对药品的生物等效性进行确证时，可对药品进行再评价，韩国食品药品管理局局长有权就再评价方法、程序等事项加以规定。[1]美国也曾于1966年对1938—1962年上市的所有药品进行再评价，开展药品有效性研究（Drug Efficacy Study），在再评价的4 000种药品中，有600种被禁止销售。[2]

1　Korea Pharmaceutical Affairs Act, Article 33.

2　参见［英］约翰·亚伯拉罕：《渐进式变迁——美英两国药品政府规制的百年演进》，宋华琳译，《北大法律评论》第4卷第2辑，法律出版社2002年版，第607页。

（一）欧盟的药品再评价法律体系

欧盟建构了以药物警戒为主体的药品再评价法律体系，针对安全风险高的药品，欧盟积极开展有效性评价和安全性研究，积极发挥定期安全性更新报告（Periodic Safety Update Report）的作用，并将其作为药品再注册的依据。欧盟将药品再评价作为药品生命周期的一部分，与药物警戒体系相互依托；欧盟根据药品风险等级的不同，对特别例外情形上市药品、附条件许可药品实行年度再评价；欧盟将风险收益衡量作为药品再评价的重要根据，根据不同的风险收益评估结果，采取不同的监管措施。[1]

欧盟《人用药品指令》设定了药品上市后的定期安全性更新报告制度，药品投放市场后的前两年内，须至少每六个月提交一份安全性更新报告；在上市后的第三年和第四年则每年提交一份安全性报告即可；从第五年起，每三年提交一份安全性更新报告。第107c条前三款规定了药品定期安全性更新的制度，第107d、107e条规定了对安全性报告评估结果的处理，监管方、许可持有方以及药物警戒风险评估委员会要对评估结果提交评论、提出建议。

第107c条

1. 在上市许可中，应明确规定提交定期安全性更新报告的频率。

依据所规定频率提交定期安全性更新报告的日期，自获上市许可之日开始计算。

2. 2012年7月21日之前获批的上市许可持有人，未将提交定

1　参见张琪、颜建周、姚雯、邵蓉：《美国、欧盟、日本药品再评价的法律制度研究及对我国的启示》，《中国药房》2019年第18期。

期安全性更新报告的频率和日期作为上市许可条件的，直至上市许可中或依据本条第4、5、6款规定了提交定期安全性更新报告的频率和时间之前，上市许可持有人应该按照本款第二小段的规定，提交定期安全性更新报告。

应依请求，立即将定期安全性更新报告报送主管当局，或依据如下规定：

(a) 在获上市许可后，当药品未投放市场时，至少每六个月报告一次，直到药品投放市场；

(b) 药品投放市场后的前两年内，须至少每六个月报告一次，上市后的第三年和第四年每年报告一次，从第五年起每三年报告一次。

3. 本条第2款的规定也适用于仅在一个成员国获得许可的药品，其不适用本条第4款的规定。

……

7. 欧洲药品局应通过欧洲药品门户网站，列出定期安全性更新报告的欧盟参考日期和提交频率，并向公众公开。

作为适用本条第4、5、6款规定的结果，上市许可中规定的定期安全性更新报告提交日期和频率发生的任何改变，应自公布改变信息之日起六个月后生效。

第107d条

国家主管当局通过对定期安全性更新报告的评估，确定药品是否存在新的风险，或已有风险是否发生变化，或药品的风险收益平衡是否改变。

第107e条

1. 对于在多个成员国获得上市许可的药品，以及依据本指令

第107c条第4、5、6款中规定，包含相同的活性物质或活性物质组合的药品定期安全性更新报告，进行单独的评估，前提是已确定该药品的欧盟参考日期和定期安全性更新报告提交频率。

可由以下任何主体之一实施单独的评估：

（a）当相关任何一个上市许可，都未根据欧盟第726/2004号法规第二部分第一章规定的集中程序获得批准时，由协调小组指定一个成员国实施评估；

（b）当至少一个相关的上市许可，根据欧盟第726/2004号法规第二部分第一章规定的集中程序获得批准时，由药物警戒风险评估委员会任命一名评估报告起草人。

当依据本条第1款(a)项选择实施评估的成员国时，协调小组应该考虑该成员国是否为本指令第28条第1款规定的参照成员国。

2. 在适当情况下，成员国或评估报告起草人应该在收到定期安全性更新报告后60日内，准备一份评估报告，并将其发送给欧洲药品局和相关成员国。欧洲药品局应该将该报告发送给上市许可持有者。

在收到评估报告后30日内，成员国和上市许可持有者应向欧洲药品局、评估报告起草人或成员国提交评论意见。

3. 在收到本条第2款提及的评论后，成员国或评估报告起草人应对收到的所有评论予以考量，在收到评论后15日内更新评估报告，并将其提交给药物警戒风险评估委员会。药物警戒风险评估委员会在其下次会议中，对评估报告做出进一步修改或不做修改，然后予以采纳，并发布建议。建议应包含有分殊的不同立场，以及不同立场所基于的不同理由。欧洲药品局在根据欧盟第726/2004号法规第25a条所设立的知识库中，应将已采纳的评估报告和（药物警戒风险评估委员会）建议都包括在内，并将这两者都送达上市许可持有人。

（二）日本的再评价制度

日本的再评价制度是以确保药物使用的有效性、安全性为目的，根据医药学的最新学术水平对已经批准上市的全部药品进行重新评价的制度。任何一个药品只要还在生产、销售、使用，就必须不断进行再评价。

1970年，厚生省组织专家探讨，是否应对1967年以前审批的药品进行再评价。通过10次会议讨论，专家次年向厚生省提交《药效问题座谈会报告书》，报告书主要涉及再评价的方法、再评价的必要性和具体实施计划。基于报告书的内容，日本于1971年12月正式开展第一次药品再评价工作。

第一次再评价的实施时间为1971年12月至1978年10月，主要对1967年《药品生产审批基本方针》实施前的处方药进行评价，不包含麻醉药品、疫苗、重要原料药和部分血液制品。评价方法主要是通过制药企业提交证明材料，药事食品卫生审议会审议。提交资料主要是涉及物理化学性质、毒性试验、药理试验、体内分布、临床试验、用法用量和副作用的资料。

1980年4月，药品再评价制度写入《药事法》。之后，1984年4月至1989年5月，开始实施第二次再评价，对1967年至1980年审批的处方药药品进行再评价。评价方法为，首先进行文献检索等基础调查，将质量、安全性和有效性存在问题的成分或处方确定为评价对象，接受评价的企业提交证明文件进行反驳，药事食品卫生审议会根据企业提交资料进行审议。提交资料主要涉及研发及使用情况、物理化学性质、安定性、毒性、药理作用，以及吸收、分布和代谢资料，还有临床试验资料。

1988年日本对药品再评价制度做了必要的修改，新的药品再评价制度包括“定期再评价”和“临时再评价”两种。“定期再评价”是通过国内外文献调研，做是否进行再评价的筛选。定期再评价的评价方法为：将上市药品分为五组，首先对每组药品进行文献筛选，筛选出有问题的文献后，对问题文献进行综合整理，委托企业调查。受委托企业提交《文献调查报告书》，其内容主要包括问题文献的概要、相关事宜、报告者的意见和建议等，由“药事食品卫生审议会”确定是否进行定期再评价。[1]

当整个药效群（药理学分类）发生问题或新的临床指导原则公布，或发生紧急状况时，可启动“临时再评价”。[2]再评价的结果如有下列任何一种情况均撤销药品的生产、销售和使用：（1）有效性未得到证实的；（2）与有效性相比，有害作用更显著、无使用价值的；（3）性状、质量明显不合格的，制成“紧急安全性情报”通报全国。

（三）我国的制度现况及改革方向

我国1984年版《药品管理法》第24条规定：“国务院卫生行政部门和省、自治区、直辖市卫生行政部门可以成立药品审评委员会，对新药进行审评，对已经生产的药品进行再评价。”2001年修订的《药品管理法》第33条仍规定了国务院药品监管部门进行药品再评价的权力，即“国务院药品监督管理部门组织药学、医学和其他技术人员，对新药进行审评，对已经批准生产的药品进行再评价”。

我国2019年修订后的《药品管理法》中，未直接出现“再评价”的表述。现行《药品管理法》第83条对“上市后评价”加以系统规定，除了规定药品上市许可持有人的上市后评价义务，也规定“必要时，国务

1 宋春黎、牛剑钊、张启明、许鸣镝：《日本药品再评价制度介绍》，《中国药学杂志》2014年第12期。

2 参见《药品再评价制度研究报告》，国家药品监督管理局《药品管理法》修订课题研究报告，2009年。

院药品监督管理部门可以责令上市许可持有人开展上市后评价或直接组织开展上市后评价”。现行《药品管理法实施条例》第40条则规定了国务院药品监督管理部门开展药品再评价的权力，并且其可以根据药品再评价结果采取后续监管措施。此外，《药品管理法实施条例》第41条规定了药品再注册制度，《药品注册管理办法》第5章第2节题为“药品再注册”，在进行再注册时，药品监管部门也需对持有人开展药品上市后评价等情况进行审查。

目前，我国关于药品再评价的功能、范围、主体尚不清晰，药品再评价与药品注册、药品监测期评价的关系也仍需梳理，同时，缺乏上市后研究的相关技术指导原则，尚未形成成熟完备的药品再评价工作机制。药品再评价是一项系统工程，建议构建以药品再评价制度为核心，以药品不良反应报告与检测制度、Ⅳ期临床试验制度、新药监测期制度为信息支撑，以药品再注册制度为“看门人”的药品再评价法律制度体系。[1]具体建议如下：

第一，在法律法规中明确写入“药品再评价制度”，明确药品监管部门在药品再评价中的角色。明确药品监管部门可以对已上市药品开展定期再评价和临时再评价，再评价时对药品的收益与风险进行综合评估。药品监管部门应制定药品再评价技术指导原则，为市场主体提供技术指导。应明确根据再评价结果可以采取的后续监管措施，例如，可以责令修改药品说明书，暂停生产、销售和使用，撤销药品批准证明文件等。

第二，在法律法规中明确药品上市许可持有人在药品再评价中的角色，规定其开展再评价的主要方式，对Ⅳ期临床试验、药品不良反应的收集与报告等加以规范。规定药品再评价的程序、方法、原则，规定

1　参见张琪、颜建周、姚雯、邵蓉：《美国、欧盟、日本药品再评价的法律制度研究及对我国的启示》，《中国药房》2019年第18期。

药品再评价结果的效力及应用等。

第三，将再评价结果与药品监管的其他职能有机衔接。将药品再评价结果用于非处方药遴选与调整、基本药物目录的遴选与调整、药品质量抽查公告、药品标准调整、药品淘汰、药品不良反应信息公开等情境。

第四，对《药品管理法实施条例》《药品注册管理办法》中规定的药品再注册制度加以完善，并将药品再注册制度与药品再评价结果相联系。建议明确药品再注册程序的审查要点，将药品不良反应报告、定期安全性更新报告、Ⅳ期临床试验和新药监测期等信息和评价结果作为再注册工作的依据。[1]

四、药品不良反应立法与药物创新

药品不良反应是在遵循正常用法和用量时，由药品引起的有害的和非预期产生的反应，包括副作用、毒性反应、依赖性、特异质反应、过敏反应、致畸、致癌和致突变反应。药品不良反应不包括使用过量、药物滥用和治疗错误。

药品不良反应监测是对合格药品在正常用法、用量下出现的，与用药无关的或意外的有害反应进行的监测，是药品再评价工作的一部分，主要是监测药品上市后的药品不良反应事件，并及时做出评价和制定控制措施，保障公众用药的安全合理性。

（一）欧盟药品不良反应监测立法

欧盟《人用药品指令》第107条规定了药品不良反应的监测、信息

1　参见张琪、颜建周、姚雯、邵蓉：《美国、欧盟、日本药品再评价的法律制度研究及对我国的启示》，《中国药房》2019年第18期。

交流、报告、评估等制度，针对不良反应信息的来源，设定了不同的监管方式。第107条规定了许可持有人提供的不良反应信息的监管，第107a条规定了各成员国应记录患者和医疗专业人员报告的、发生在其境内的、引起关注的所有药品可疑不良反应的相关制度。

第107条

1. 上市许可持有人应该记录在欧盟或第三国发生的，引起他们关注的药品可疑不良反应，无论其是由患者或医疗专业人员自发报告的，还是在药品上市后研究的背景下出现的。

上市许可持有人应该确保在欧盟内，能在某个单一的点(single point)获取这些不良反应报告。

在临床试验中产生的可疑不良反应，应当根据欧盟2001/20/EC指令进行记录和报告，可豁免适用本款第1段规定。

2. 上市许可持有人不得拒绝考虑患者或医疗专业人员通过电子化或其他适当方式提交的药品可疑不良反应报告。

3. 对于所有发生在欧盟或第三国的严重的可疑不良反应信息，相关上市许可持有人应在获悉信息后15日内，以电子化的方式，向欧盟第726/2004号法规第24条规定的数据库和数据处理网络（以下简称“欧盟药物警戒数据库”）提交信息。

对于所有发生在欧盟或第三国的非严重的可疑不良反应信息，上市许可持有人应该在获悉信息后90日内，以电子化的方式，向欧盟药物警戒数据库提交信息。

对于根据欧盟第726/2004号法规第27条规定，包含有由欧洲药品局监测的出版物列表中活性物质的药品，上市许可持有人将无须向欧盟药物警戒数据库报告医学文献列表中记录的可疑不良反应，但是他们需要监测所有其他的医学文献，并报告任何可疑不良反应。

4. 上市许可持有人应设定程序来获得准确、可确证的数据，用以对可疑不良反应报告进行科学评估。上市许可持有人还应收集不良反应报告的后续信息，并向欧盟药物警戒数据库提交更新信息。

5. 上市许可持有人应就重复可疑不良反应报告的检测，与欧洲药品局和成员国开展合作。

第107a条

1. 各成员国应记录患者和医疗专业人员报告的、发生在其境内的、引起他们关注的所有药品可疑不良反应。成员国在对后续报告进行追踪时，适当时可让患者和医疗专业人员参与，以符合本指令第102条(c)(e)款的规定。

成员国应确保可以通过国家药品门户网站或其他方式，提交此类可疑不良反应报告。

2. 对于上市许可持有人提交的报告，如报告中的可疑不良反应发生在某个成员国境内，该成员国可以让上市许可持有人参与对此的后续跟踪。

3. 各成员国应当就重复可疑不良反应报告的检测，与欧洲药品局和上市许可持有人开展合作。

4. 成员国应将其收到的、本条第1款提及的严重可疑不良反应报告，在15日内以电子形式提交给欧盟药物警戒数据库。

成员国应在收到本条第1款提及的报告后90日内，以电子化的形式，将非严重可疑不良反应报告提交给欧盟药物警戒数据库。

上市许可持有人应可通过欧盟药物警戒数据库，获得这些可疑不良反应报告。

5. 成员国应确保因药品使用中的错误而产生的、引起他们关注的可疑不良反应报告，能录入欧盟药物警戒数据库之中，并能为该成员国内负责患者安全的任何当局、机构、组织和/或协会获取。成员国也应确保，将本国任何其他当局关注到的药品可疑不良反应通告本国药品主管机关。这些报告应该采用欧盟第726/2004号法规第25条提及的形式，以便能被适当地鉴别。

6. 除非有基于药物警戒活动的正当化理由，否则成员国不得向上市许可持有者施加任何报告药品可疑不良反应的附加义务。

(二) 美国药品不良事件报告立法

美国建立了药品不良事件报告系统(FDA Adverse Event Reporting System，简称FAERS)。FAERS是一个旨在支持FDA对药品和生物制品上市后监测计划的数据库，该数据库包括了FDA收集到的所有不良事件信息和用药错误信息。目前，美国有两个FAERS系统，一个是针对药品生产企业的强制报告系统，另一个是针对医疗专业人员和消费者的安全性信息和不良事件自愿报告系统。[1]

非处方药的"不良事件"(adverse event)，是指使用非处方药导致的与健康相关的不良事件，包括意外或故意过量使用药品、滥用药品、停药造成的不良反应，以及未获得预期药理效果的情形。[2]严重不良事件(serious adverse event)，是指造成死亡、危及生命的情形、住院治疗、持续或严重的残疾或无行为能力、先天性异常或出生缺陷等情形的不良事件。为防止出现上述严重不良事件，需要基于合理的医学判断，进

1 刘花、杨世民、冯变玲：《美国药品不良反应监测体系简介及对我国的启示》，《中国执业药师》2013年第4期。

2 FD&CA, Section 760(a)(1).

行相应的干预。[1]

美国上市非处方药标签上载明的生产商、包装商或分销商，应当向部长提交所收到的特定药品的严重不良事件报告，并同时提交该药品标签的副本。[2]作为分销商的零售商可以通过协议的形式，授权生产商或包装商代为提交不良事件报告。[3]不得因收到了提交的药品不良事件报告，就直接得出该药品导致不良事件的结论。[4]

提交报告的责任人应当在15个工作日内，以规定的形式提交严重不良事件报告及相关的新治疗信息。部长负责建立整合机制，确保将与同一严重不良事件相关的报告和信息整合为一份单独的报告。[5]提交报告的责任人应保存收到的每份严重不良事件记录，以备检查之需，保存期限为六年。[6]

（三）我国的制度现况及改革方向

药物警戒活动是指对药品不良反应及其他与用药有关的有害反应进行监测、识别、评估和控制的活动。《药品管理法》第12条第2款规定，国家建立药物警戒制度，对药品不良反应及其他与用药有关的有害反应进行监测、识别、评估和控制。国家药品监督管理局于2021年5月7日颁布了《药物警戒质量管理规范》，要求持有人和申办者应当基于药品安全性特征开展药物警戒活动，最大限度地降低药品安全风险，保护和促进公众健康。该规范还对药物警戒体系的质量管理、组织

1 FD&CA, Section 760(a)(3).
2 FD&CA, Section 760(b)(1).
3 FD&CA, Section 760(b)(2).
4 FD&CA, Section 760(g).
5 FD&CA, Section 760(c)(1)(2)(3).
6 FD&CA, Section 760(e)(1).

机构、人员配备、设备与资源、监测与报告、风险识别与评估等加以系统规定。[1]

《药品管理法》第80条为药品上市许可持有人在药品不良反应监测控制方面的义务，要求其开展药品上市后不良反应监测，主动收集、跟踪分析疑似不良反应信息，对已识别风险的药品及时采取风险控制措施。《药品管理法》第81条第1款规定了药品上市许可持有人、药品生产企业、药品经营企业和医疗机构考察药品不良反应、报告疑似不良反应的义务。《药品管理法》第81条第2款则针对确认发生严重不良反应的药品，赋予药品监管部门以采取行政强制措施的权力，监管部门可以“根据实际情况采取停止生产、销售、使用等紧急控制措施”。我国还于2011年以部门规章的形式颁布了《药品不良反应报告和监测管理办法》，对监管职责、报告与处置要求、定期更新与报告、重点监测、评价与控制、信息管理、法律责任等内容做出了详细的规定。[2]

1. 建立药品不良反应监测机构之间的数据共享机制

2011年颁布的《药品不良反应报告和监测管理办法》规定，各级药品不良反应监测机构应当对收到的药品不良反应报告和监测资料进行统计和分析，并以适当形式反馈。[3]国家药品不良反应监测中心应当根据对药品不良反应报告和监测资料的综合分析和评价结果，及时发布药品不良反应警示信息。省级以上药品监督管理部门应当定期发布药品不良反应报告和监测情况。[4]

作为及时、有效、权威发布信息的前提，应该建立政府部门之间的

1　参见《药物警戒质量管理规范》，国家药品监督管理局2021年第65号公告，2021年5月7日。

2　《药品不良反应报告和监测管理办法》，卫生部令第81号，2011年5月4日公布，自2011年7月1日起施行。

3　《药品不良反应报告和监测管理办法》第51条。

4　参见《药品不良反应报告和监测管理办法》第52、53条。

信息共享机制，避免出现“信息孤岛”现象。应着力打造药品不良反应监测信息系统，使其能通过运用数据挖掘的模型，及时验证和确认检测出来的危险信号，在统计分析基础上对药品等进行趋势分析和预测，为辅助决策提供数据支持，以此，全面提高我国药品不良反应监测能力。

通过药品不良反应监测平台的建设，通过药品不良反应报告、药品群体不良事件报告、境外不良反应报告、定期安全性更新报告、国外信息监测、重点监测等信息的共享，将有助于进一步改进我国药品不良反应信息监测的质量，拓宽药品不良反应信息的应用范围，有助于药品监管部门根据相关信息及时做出理性决策，充分维护公众用药安全。

2. 鼓励医疗机构、药品生产企业、药品经营企业之间的信息共享

《药品不良反应报告和监测管理办法》第13条规定，药品生产、经营企业和医疗机构应当建立药品不良反应报告和监测管理制度。该办法第56条规定，鼓励医疗机构、药品生产企业、药品经营企业之间共享药品不良反应信息。

应鼓励医疗机构、药品生产企业、药品经营企业之间进行信息共享。药品生产企业一方面可以通过加强自主监测，主动收集药品不良反应信息；另一方面，可以联合医疗机构、各级药品不良反应监测中心开展专题监测。企业与医疗机构药品共享不良反应信息，可促使企业及早发现、应对药品安全性隐患，促使医疗机构了解更多用药安全性信息，从而强化各方及时发现药品不良反应信号的能力，也有助于药品上市后风险的有效控制。

第四章

通过配套立法推进药物创新

一、导　言

医药产业与人类健康休戚相关，在全球经济舞台上占有举足轻重的地位，世界各国都对创新药物研发给予高度重视。创新药物研发旨在生产出在疗效上优于现存药品，且不良反应发生率小、危害程度低的新型治疗药物。创新药物研发不仅能给企业带来高额回报，而且意味着挽救生命和改善生活质量。在某种意义上，人类的健康史即为发现创新药物并与疾病展开斗争的过程，创新药物研发的成功往往成为人类与疾病斗争过程中的重要里程碑。[1]

虽然创新药物研发可以为医药企业带来高额利润，但创新药物研发是一项高投入、风险高、耗时长的工程，因此，企业研究开发投入的回报率低于预期水平。仅凭市场机制难以有效激励企业加强技术创新，加大研发投入。[2]

1　参见丁锦希、赵敏：《中美创新药物研发监管激励政策的比较研究》，《中国新药杂志》2009年第5期。

2　参见丁锦希、耿露、孙晓东、顾海：《创新药物研发激励政策的量化分析》，《科技与对策》2011年第19期。

我国政府对创新药物研发给予高度重视，已经初步建立了国家创新药物研发投入激励法律制度。然而，我国创新药物研发的投入与产出水平，与发达国家相比仍有很大差距。推动药物创新立法并非仅仅为药品监管机构之事，也涉及药品价格立法、医疗保险立法、财税激励立法、科技创新立法。本章将对发达国家激励创新药物研发的配套法律制度进行比较分析，以期为我国提供借鉴。

二、药品价格立法与药物创新

药品定价关系企业的预期利益及其再投入，对创新的导向和激励作用十分明显。新药处于药品研发金字塔的上层，其定价政策将对新药研发乃至整个药品行业产生明显的激励和示范作用。

然而，新药价格水平的高低具有双重效应，过低的价格不利于新药研发，价格过高则会让个人和国家难以承担用药成本，影响药品的可及性。合理的新药定价，既有利于促进医药产业的发展，又有利于控制因使用新药导致的费用负担。

可将世界各国的新药价格监管政策分为美国的自由定价模式、欧盟的综合定价模式，以及日本的政府调控模式。本部分主要研究美国、法国、德国，以及日本创新药物定价的相关法律法规，以期对我国创新药物价格立法起到借鉴作用。

（一）美国创新药物价格立法

所谓“自由定价”又称厂商自主定价，指药品生产厂商可根据药品创新程度、研发费用、生产成本、经营成本、税收、市场需求等因素制定药品的价格。但该种模式只是给予制药企业更多的定价自主权，仍需受到保险第三方的规制。在自由定价体制下，政府对药品价格的调控主要是运用法律手段，通过市场竞争稳定药品价格。

1.《药品价格竞争和专利期恢复法案》

美国《药品价格竞争和专利期恢复法》(Hatch-Waxman Act)是仿制药发展的转折点，该法案是针对创新药和仿制药并存发展建立的一种有效法律机制，在刺激创新药发展的同时，给予仿制药更好的上市机会。该法案的核心内容很好地反映在了法案名称上，即通过加快仿制药上市来鼓励药品的价格竞争，并通过延长药品专利期来弥补由于药品开发所失去的有效专利时间。[1]其内容主要有四点：

第一，延长原研药厂家的专利期限，允许药品专利获得五年延长期，并酌情由FDA授予额外的市场专营保护期，以弥补新药审批所带来的专利时限的消耗。[2]

第二，允许仿制药企业在药品专利到期前就着手研制仿制品，一旦专利到期并获得FDA批准，仿制药即可销售。即基于专利侵权豁免规定，仿制药研发厂家如果是出于上市申请的目的，那么，只要符合FDA法规，就可以在原研药的专利年限内进行仿制药研发，而不会被认为侵权。

第三，简化仿制药上市申报程序，仿制药毋需重复已为新药申请所证明的安全性和有效性研究，即减免临床前动物毒理试验和人体临床研究项目，取而代之的是以参照品牌药品为标准的生物等效性研究，简化了仿制药的审批程序，这个过程现在简称为简化新药申请。[3]

第四，向FDA提出简化新药申请的企业，批准后可被授予为期180日的市场独占权。而一旦专利所有者提出诉讼，则FDA在30个月内不能批准该药。除非法院在此之前判决原研药专利无效或侵权不存在。[4]

1　21 U.S.C. Section 355(j).

2　21 U.S.C. Section 156.

3　21 U.S.C. Section 355(b)(2).

4　21 U.S.C. Section 355(j).(2)(A)(ⅶ)(Ⅳ)

其中，专利保护期延长和市场独占权行政保护都是补偿药品因研发和审批而失去的时间，为新药提供更长的市场垄断权时限，从而给创新药厂商带来巨额独占销售利润，激发企业研发动力。

2.《综合预算平衡法》

1990年《综合预算平衡法》(Omnibus Budget Reconciliation Act of 1990)的主要内容有：

(1) 对属医疗保险范围内的药品，在费用上给予穷人一定的价格减让；

(2) 价格上涨超过居民消费价格指数(CPI)上涨的药品应当进行让价销售；

(3) 建立医生处方预算制度。[1]

该法通过美国的医疗保障体系，实现对创新药物价格的调控。

3.《处方药使用者费用法》

1992年《处方药使用者费用法》授权FDA可在五年内向新药申请者收取费用以加快审评，规定了付费项目、收费标准及其调整、费用减免等具体内容。该法此后每五年重新授权一次，已延续至2022年的第七部。《处方药使用者费用法》的核心是FDA向企业做出一定承诺，承诺在特定时间内完成药品审评，以此换取必要的经费支持。FDA审评效率由此得到提高，药品及早上市也帮助企业独占市场先机。[2]

目前，根据《处方药使用者费用法》收取的费用有两类，即药品申请费和项目费。FDA通过收取以上两类费用，来加快推进审评质量和效率，进而实现每一年度所设定的各项审评绩效目标。

---

1 Pub.L. 101-508, 104 Stat. 1388, November5, 1990.

2 殷天红、颜建周、邵蓉：《市场独占利益对制药行业创新的激励作用》，《中国新药杂志》2015年第17期。

《处方药使用者费用法》除了确立处方药使用者付费制度，还规定某些药品和企业可以享受收费的减免。例如，对于首次提交新药申请或者生物制品申请的小企业，可以免除药品申请费。这种收费减免体现了FDA对药品创新企业的支持。[1]

（二）法国创新药物价格立法

法国对不进入医保目录的新药采取自由定价模式，对医保用药采取协商定价模式。尤为重要的是，法国将药物创新评价作为药品价格干预重要依据。法国在1998年颁布了《新社会保障融资法》，开始正式实施创新药物定价政策，突破性地将疗效创新性作为其创新药物"绿色定价通道"的准入标准，此举在鼓励研发的同时，更强调上市新药对民众健康的实质性影响。

法国国家卫生管理局（French National Authority for Health，简称HAS）下属的透明度委员会（Transparent Committee，简称TC）依据临床效益改善程度评价（ASMR）结果对药品创新等级进行划分，新上市药品被划分为创新药品（ASMR Ⅰ级、Ⅱ级、Ⅲ级）和常规药品（ASMR Ⅳ级、ASMR Ⅴ级）。2003年开始，"创新药品"可以直接进入"绿色定价通道"，加速进入医保目录的进程。[2]

法国政府对创新药物实行的"绿色定价通道"，不同于"常规定价通道"的复杂流程，其特点主要体现在以下三方面：

1. 明确准入条件

卫生产品经济委员会（CEPS）规定，只有具有临床疗效重大进步的

1　邵蓉、殷天红：《美国药品审评付费制度对我国加快药品审评的启示》，《中国药科大学学报》2014年第3期。

2　沈秋欢：《药品参考价格制度典型国家创新药品定价与补偿机制》，《中国新药杂志》2017年第14期。

创新药物可获得“创新药物定价”资格，其余等级药品均通过“常规定价通道”完成其定价程序。

2. 简化议价程序

依据“绿色定价通道”定价程序，只要药物创新程度达到“创新药物定价”标准，其定价过程即可免除漫长的谈判期，在75日内即可确定出厂价。[1]议价程序的简化能够给予创新药物合理的市场生命周期，缩短新药上市审批时限，通过影响企业的预期收益，进而激励企业提高研发新药的积极性。

3. 强化议价权利

在“绿色定价通道”内，只要药商申报的新药价格满足真实性、科学性，以及合理性等方面的要求，法国药品价格委员会即默认此价格为今后五年内该药品的市场价格。议价权利的加强赋予了创新药物研发企业合理的利润空间，使企业尽快收回巨额的研发投入，从而达到鼓励企业创新、促进医药产业健康发展的战略目标。[2]

（三）德国创新药物价格立法

德国药物价格立法采用的定价制度主要有两种，一是参考定价制度，二是《医药行业改革法》规定的定价制度。

1. 参考定价制度

1989年《药物参考价格体系法》的出台，标志着德国开始实行参考定价制度。参考定价制度旨在消除治疗效果相似的不同药品之间的价格差异，提高药品市场的透明度。但此种定价制度也有缺点，具体而

1 朱德政、余伯阳：《发达国家创新药品价格管理对我国的启示》，《宏观经济管理》2014年第10期。

2 丁锦希、赵悦、顾海：《法国创新药物定价政策评价及对我国的启示》，《价格理论与实践》2011年第6期。

言，一是创新药不受参考价格制约，从而获得医疗保险全额报销特惠政策支持，完全享受市场高价特权；二是对于疗效相等的不同药品采用固定标准，大大降低了药品价格的敏感度，使得药品间额外附加价值得不到应有的体现和回报。

2.《医药行业改革法》规定的定价制度

2011年，德国政府在《医药行业改革法》中正式将效用比较研究评价体系纳入创新药定价机制。通过科学评估创新药附加价值，对其进行筛选分级、“按值作价”，从而通过价格体现创新药不同程度的附加价值，实现实质性创新激励与药品可支付性之间的有效平衡。具体而言，《医药行业改革法》中创新药定价体系的特点主要体现在以下三方面：

（1）明确准入条件

德国联邦联合委员会规定，创新药批准上市一年内，制药企业根据内部专业部门的评估结果，自主设定创新药价格，并按照德国卫生部相关法规要求，准备该创新药的附加价值证明文件。此类资料既是制药企业向德国联邦联合委员会申报价格的基础，也是日后与德国医疗保险基金协会谈判的依据。依据德国联邦联合委员会程序性准则，收到报告后，德国联邦联合委员会将委托德国药物评估局对该创新药进行药物经济学评估，从专业角度对资料进行实质性审核评估，并在三个月内发布审核结果。如审核通过，则公开报告信息；如未通过审核，则不公开相关信息。

（2）强化议价权利

经过德国药物评估局评估并认定确具有显著附加价值的药品，在其上市后第七到十二个月内，制药企业需凭药物附加价值证明文件，与德国医疗保险基金协会进行协商议价。双方协商以对照药品的补偿价格与该创新药的附加价值为基础，综合分析市场条件等因素，最终确定此创新药的上市价格。若协商议价未果，企业可向联邦联合委员会指定的仲裁机构寻求权利救济。最终，德国医疗保险基金协会依据仲裁结果，在制药企业初设价格的基础上进行折扣定价。这实则赋予了德国药价主管机构合理的控价权力。[1]

（3）提升企业竞争层次

在《医药行业改革法》的创新药定价体系下，德国政府充分发挥指引作用，明确附加价值是制药企业赢得议价主动权的唯一筹码。在此驱动力下，德国医药产业的发展重点将从应对审核转向切实提升药物价值。[2]

（四）日本创新药物价格立法

作为实行全民医保的国家，日本在药品价格管理方面采取了政府定价与医疗保险体系相结合的方式，由厚生劳动省统一定价。其中，设有分类管理、价格管制、上市后再审核等机制，对创新药物、仿制药品实行不同的价格核算方法。日本与药品定价相关的立法主要有《药事法》《国民健康保险法》《医疗用医药品的药价基准收载通知》《医疗用医药品药价基准收载申请规定》等。

1. 明确创新划分标准

日本的新药定价体系制定了创新药物药效评价标准，明确规定了不同创新性药品的计算方式，在定价过程中，厚生劳动省定价部门根据新药的创新性和改进程度对新药采用不同定价方式：

当需要对一种新药进行定价时，若已有类似药品，则采用类似药比较法来核定新药的价格。如果一种新药被认定为创新药物，则可以获得一定比例的溢价，溢价根据创新程度而定，在5%至120%之间。药品

1 Richard Kingham, *The Life Science Law Review*, Law Business Research Ltd. Press, 163-164 (2013).

2 丁锦希、赵悦、丁志琛：《德国创新药物定价制度研究及其启示》，《价格理论与实践》2012年第4期。

的创新程度根据以下四点判断：(1) 新的作用机制；(2) 更高的疗效或安全性；(3) 改善目标疾病的治疗；(4) 有益的药物配方。

若没有已批准的合适类似药做比较，则采用成本计算方法，成本是根据生产、管理、营销、利润和增值税成本等计算的。而基于药物的创新性、功效和安全性，其利润率可基于行业标准利润率进行调整。按照成本核算的方法来确定价格后，再参考美国、英国、德国及法国的国际药品平均价进行调整。[1]

2. 边际递减定价模式

日本对仿制药品实施“边际递减定价法”，严格控制仿制药的重复研发。根据日本2016年《修改部分所用药品的药价（药价标准）事宜》对药价改革的要求，自2021年起，新进入医保的首仿药价格下调到原研药的50%，生物类似药则保持原研药价格的70%。当已有同类仿制药列入药品目录时，再次申请进入目录的仿制药品价格将按照同类仿制药品的最低价格制定。若某品种仿制药数量已超过20个，再申请进入目录的仿制药价格则在现存仿制药中最低价格的基础上再乘以0.9。[2]

3. 有效平衡价格控制与创新激励

日本政府一方面通过“动态定价规则”和价格再审核体制，控制药品价格的增长，确保药品的可及性，通过市场价格调查体系及时掌握市场供求动向、价格信息，并以此作为修正药品价格的基础，对药品价格进行调整；另一方面，注重药品定价政策对药品创新研发的激励作用，积极改革药品定价体系。[3]

1　吕兰婷、傅金澜：《国家治理变革视角下的“药品医保生命周期”管理——来自日本的启示》，《中国卫生政策研究》2020年第4期。

2　王亮、李爱花、岳晓萌、吴久鸿：《日本药品价格制度研究及对我国药品价格管理的启示》，《中国卫生经济》2017年第10期。

3　丁锦希、罗茜玮：《日本创新药物定价机制评价及对我国的启示》，《价格理论与实践》2010年第5期。

（五）对我国的启示

我国药品价格形成机制正处于改革期，实施多年的单独定价和最高零售限价政策逐渐废除，以市场为主导的药品价格形成机制建立并持续健全。国家发展改革委等七部门在2015年联合颁布了《推进药品价格改革的意见》，指出"逐步建立以市场为主导的药品价格形成机制，最大限度减少政府对药品价格的直接干预"，并提出：除麻醉药品和第一类精神药品外，取消药品政府定价，完善药品采购机制，发挥医保控费作用，药品实际交易价格主要由市场竞争形成。[1]国家发展改革委员会也对此前制定和调整药品价格的文件进行了清理，一次性废止了166部药品价格文件。[2]

2015年2月9日颁布的《国务院办公厅关于完善公立医院药品集中采购工作的指导意见》明确提出对部分专利药品、独家生产药品，建立公开透明、多方参与的价格谈判机制。国家医疗保障局于2019年印发《关于做好当前药品价格管理工作的意见》，强调当前改革坚持市场调节药品价格的总体方向，由医疗保障部门管理包括化学药品、中成药、生化药品、中药饮片、医疗机构制剂等在内的药品价格，麻醉药品和第一类精神药品价格继续依法实行最高出厂价格和最高零售价格管理；其他药品实行市场调节价，并提出强化医保对药品价格的引导作用，深化药品集中带量采购制度改革，坚持"带量采购、量价挂钩、招采

1 《国家发展改革委、国家卫生计生委、人力资源社会保障部、工业和信息化部、财政部、商务部、食品药品监管总局关于印发推进药品价格改革意见的通知》，发改价格〔2015〕904号，2015年5月4日。

2 《国家发展改革委关于公布废止药品价格文件的通知》，国家发展改革委员会，发改价格〔2015〕918号，2015年5月4日。

合一”的方向，促使药品价格回归合理水平。[1]

目前，我国已经逐渐形成了四种药品定价规则：麻醉和一类精神药品采取政府定价；独家药品通过医保准入谈判定价；集中采购非独家药品通过集采市场竞争定价；其他非独家药品市场自由定价，但进入医保目录要通过准入竞价谈判的方式确定支付标准。[2]

我国《药品管理法》第85条第1款规定了依法实行市场调节价药品的定价原则，定价原则为公平、合理及诚实信用、质价相符，为用药者提供价格合理的药品。《药品管理法实施条例》第48条规定了药品价格监测制度。目前，并未依法界定药品定价的原则、程序和实体要求，也未对创新药物定价加以系统规定，并未在药品的可及性与激励创新药物研发之间做到有效的平衡。在比较法的背景下，笔者拟对我国的创新药物价格立法提出以下几点建议：

1. 明确创新药品的分类和准入标准

我国现行《药品注册管理办法》将药品划分为创新药、改良型新药、仿制药三种类型，在国家药监局发布的《化学药品注册分类及申报资料要求》中，将创新药解释为“含有新的结构明确的、具有药理作用的化合物，且具有临床价值的药品”，将改良型新药解释为“在已知活性成分的基础上，对其结构、剂型、处方工艺、给药途径、适应症等进行优化，且具有明显临床优势的药品”，将临床价值作为创新度评定的重要标准，但缺乏更为细致的规定，且创新药上市准入的标准并不明确。如若不能明确“创新药”“改良型新药”的范围，任由其扩张，可能会推动药品价格的整体上升。或可借鉴法国的疗效性创新标准和德国的药物附加价值评价方法，将其作为创新药物分类分级管理和定价的

1　《国家医疗保障局关于印发〈关于做好当前药品价格管理工作的意见〉的通知》，国家医疗保障局，医保发〔2019〕67号，2019年11月26日。

2　赵静：《药品价格管理中的药物经济学评价应用研究》，《价格理论与实践》2022年第3期。

基础。

2. 加快药物经济学评价方法的应用

科学合理的药品定价应当从药物经济学的角度出发，考虑药品的治疗价值、替代疗法费用等因素来制定适当的价格。我国在2009年《关于深化医药卫生体制改革的意见》（中发〔2009〕6号）中提出“对新药和专利药品逐步实行定价前药物经济性评价制度”。在2017年的国家医保谈判中，相关部门组成了药物经济学评估组，对药品临床应用价值进行评估，这是药物经济学在国家医保谈判中的首次运用。在2019年的国家医保谈判中，国家医疗保障局专门组织了药物经济学测算专家组，遴选近40位专家，对150个药物进行药物经济学评审。国家医疗保障局在《2021年国家医保药品目录调整工作方案》中，将测算专家分为基金测算组和药物经济学测算组，强调“专家通过基金测算、药物经济学等方法开展评估”。[1]但在实践中，药物经济学评价的应用仍有不足，难以在衡量新药价值方面发挥更大作用。

应完善药物经济学评价指南，可以鼓励制药企业招聘专职药物经济学研究人员，引导制药企业加强与高校、科研机构或行业协会的合作，开展药物经济学评价项目工作，加快药物经济学评价方法在药品定价中的应用，通过科学方法评估创新药的附加价值，按值作价。在合理审核药品成本基础上，根据药品创新程度，对销售利润实行差别控制。允许创新程度较高的药品在合理期限内保持较高销售利润率，促进企业研制开发创新药品。

3. 保证创新药的价格优势，严格控制仿制药的重复研发

可借鉴日本，对仿制药品实施“边际递减定价法”，通过对仿制药价格的控制，将仿制药价格顺差拉开差距，维持新药的利润优势，从而

1 《国家医疗保障局关于公布〈2021年国家医保药品目录调整工作方案〉和〈2021年国家医保药品目录调整申报指南〉的公告》，国家医疗保障局，2021年6月30日。

激励企业对创新药物的研发。

2009年颁布的《改革药品和医疗服务价格形成机制的意见》规定，引导仿制药品有序生产和竞争。对今后国内首先仿制上市的药品，价格参照被仿制药品价格制定；被仿制药品在国内尚未上市的，首先仿制药品的价格依据其合理成本制定。再仿制上市的药品，价格按照低于首先仿制药品价格的一定比例制定。同种仿制药品生产企业达到一定数量时，应根据社会平均成本等情况制定统一价格。

国务院办公厅于2019年1月颁布《国家组织药品集中采购和使用试点方案》，以联盟地区公立医院为采购主体，对仿制药实施集中采购和使用，原则上对同一通用名下通过一致性评价的仿制药，医保基金按同样的支付标准进行结算。目前，集中采购政策已从11个城市试点扩展至全国。[1]带量集中采购政策的实施，压缩了仿制药利润空间，减少了药企开拓市场的成本，企业需将更多资金投入研发，以获取竞争优势。应继续完善药品集中采购政策，对原研药与仿制药实施不同的价格体系，以促进仿制药产业有序竞争，防止仿制药低水平重复研发，鼓励创新药物研发。

4. 将创新药价格管理与医保支付政策相协同

能否进入医保报销范围和医保补偿的程度，很大程度上影响了创新药的使用和推广。建议探索令创新药价格管理与医保报销政策联动的机制，即制定医保报销价格时，将更多的创新药物纳入医保范围，对属于医保范围内的药品实施价格减让和补偿激励。

当前，我国政府卫生支出占GDP的比重较低，基本医保筹资水平比较有限，我国在逐步健全城乡医疗服务体系、着重解决低收入等弱势人群的医疗卫生服务等方面面临重大挑战，因此，我国医保制度以“保

1　《国务院办公厅关于印发国家组织药品集中采购和使用试点方案的通知》，国办〔2019〕2号，2019年1月1日。

障基本”为主要定位，医保目录管理的主要目的在于控制药品费用、保证药品可及性，将价格昂贵的创新药品纳入医保支付目录，会增加医保基金的支付风险。但随着未来公共卫生投入的增加，基本医保筹资水平提高和保障能力增强，应该在制定医保药品支付政策时，同时考虑其对企业研发新药和制药行业发展的影响，在综合考虑医保基金和患者承受能力等因素的基础上，对临床急需、可填补治疗领域空白的药品给予较高的支付标准，进而促进医药产业的创新发展，维护民众的用药权益。

5. 充分发挥制药企业在创新药定价中的作用

应建立定价多主体参与机制，注重利益平衡，充分发挥制药企业在创新药定价中的作用。药品价值定价是一个需要多方参与的过程，不同利益相关方关注角度不同、价值偏好不同。创新药定价水平对制药企业有直接的影响，并且制药企业掌握着许多与药品相关的信息，可考虑发挥其主观能动性，例如，规定由企业负责提交药品临床价值、创新价值、成本效果分析等资料，政府部门负责资料的审查。建立风险分摊机制，引导企业主动提高产品质量、加强上市后检测，减轻政府监管负担，以此寻求利益平衡。

此外，目前，我国创新药价格的形成与医保准入谈判密切相关，而准入谈判虽以实现药品降价为首要目标，但在规则设计上要防止忽视创新药企业的利益，应当赋予创新药研发企业充分的平等议价协商的权利，让企业在创新药定价过程中有发挥作用的适当空间，从而达到鼓励创新的政策效果。

三、医疗保险立法与药物创新

在医疗保险体系日益发达的今天，医疗保险市场已成为制药企业不能忽视的重要药品市场，新药销售也有赖于医疗保险政策的支持。

为此，应改革医疗保险制度，以适应鼓励企业药物创新的需要，发挥医疗保险制度对企业药物创新的促进机制。

（一）美国相关医疗保险立法

美国医保是由商业保险公司把化解疾病经济风险和提供医疗卫生服务作为商品提供给社会，疾病保险程度与缴费多少挂钩，政府只负责弱势群体等少数人的基本医保。美国没有全国性的药品目录。医疗保险及管理保健组织都实施健康保险计划，计划中包含处方药品报销目录。健康保险计划不同，药品报销目录不同。美国私营医疗保险及管理保健组织有目的地通过药物经济学研究将成本效果较高的药物列入报销目录，从而有效控制医疗机构的成本。[1]

制药企业可与各保险公司进行价格谈判，将其新药纳入该保险公司的报销目录中。对于进入保险目录的药品，患者只需按规定比例支付费用。此举既保障了患者对该药品的可及性，又可给予企业一定的市场激励。例如，俄勒冈州针对医疗救助项目的药品报销目录政策，构成了相关成功范例。

1. 目录制定方法

药品报销目录制定主要采用随机电话访问、召开社区会议，以及公开听证会的形式，得到第一手的调查数据，按照科学方法了解居民最迫切需要的医疗卫生服务，了解居民个体的医疗服务偏好。

2. 药品报销目录的定期审核与更新

卫生保健管理协会制定了一系列的标准，对报销目录进行审核和调整。医疗卫生服务的提供费用不会超过卫生财政的预算。报销目

1　李颖：《程序、优选和决策——美国俄勒冈州药品报销目录制定方式》，《医院院长论坛》2009年第3期。

录与专家推荐提供的医疗卫生服务保持一致。另外，鼓励对早期干预效果明显的疾病实行早期筛查，鼓励将早期治疗的治疗方案列入优先目录。

（二）法国相关医疗保险立法

法国对纳入医疗保险报销范围的药品进行价格管理，政府确定创新药的出厂价，同时对批发和零售实行累退性加成。对高创新药实施快速定价法，对低创新药实施常规定价法。法国还会根据临床效益评价等级和疾病严重程度，具体确定药品报销比例。

1. 药品支付目录纳入标准

法国国家卫生管理局负责对申请进入法定医保支付目录的药品开展评估，其下设的透明度委员会具体负责评估药品在各适应症上的临床效益评价和临床效益改善程度（ASMR）。卫生产品经济委员会根据疾病分类、ASMR等级和价格，决定是否准许其进入医保目录，达到ASMR Ⅳ级以上的药品可被纳入目录，ASMR Ⅴ级的药品要比同类药品廉价，才能被纳入。每五年对法定医保支付目录内的药品重新评价一次，根据重评结果来降低某些药品的补偿支付比率，或将其从目录中剔除。

2. 药品费用补偿比率

药品的费用补偿比率由法国国家疾病基金会（National Union of Sickness Insurance Funds，简称UNCAM）决定，每四年评估一次，根据评估结果可以降低报销比例，甚至剔除出报销目录。依据法国国家卫生管理局委员会提供的药品临床效益评价和疾病严重程度，国家疾病基金会将药品分列至0、35%、65%、100%共四种不同给付比率，并有增减5%的调整范围。

对于提前准入授权（autorisation d’accès précoce，简称AAP）[1]的药品，药品生产企业可以自由定价，由社会保险全额补偿报销，但在药品上市申请通过后，经卫生技术评估后，药品生产企业要与卫生产品经济委员会进行价格谈判，从自由价格过渡到谈判形成的价格体系，如果最终价格低于上市前AAP期间的价格，药品生产企业须偿还所有差价。[2]

3. 药品补偿方式

药品费用由基本医疗保险、补充保险和个人给付三个部分承担。基本医疗保险资金源自社会保险金（根据个人工资和福利按比例收取）、个人所得税、国家和地方政府拨款，以及其他税收；补充性医疗保险包括保险互助协会、商业性医疗保险及雇员和雇主共同管理的公积金机构。特殊用药目录下的药品由基本医疗保险全额给付；非处方药品完全由患者自付；其余药品，基本医疗保险给付外的差额由补充性医疗保险和个人分担。

此外，法国还通过全民健康保护（La Protection Universelle Maladie，简称PUMa）和国家医疗救助（Aide médicale de l’État，简称AME）两项制度，分别对在法国稳定工作或居住的任何人提供强制性公共保险，以及对年收入在标准（依家庭构成和居住地而定）[3]以下的贫困人口给付覆盖大部分医疗费用的医疗救助。[4]患者在购药时凭医保卡只需交纳个人自付的补充保险补偿部分的金额，然后凭收据到补充保险管理部门报销。目前，大约三分之二的补充保险亦已采用预付制，患者只需缴纳自付

1　提前准入授权制度由法国2021年《社会保障融资法》引入，用以替代先前的药品临时使用授权（temporary authorization for use，简称ATU）制度，参见法国官方公报官网。AAP旨在当患者有目前尚无其他有效治疗手段、不能推迟治疗的严重或罕见疾病的情况下，将未在法国批准上市的药品用于预防、治疗或诊断该疾病，参见法国国家卫生管理局发布的提前准入授权指南，法国国家卫生管理局官网。

2　参见法国《社会保障法》第L. 162-16-5-1-1 Ⅱ. A. 和Ⅲ款，法国官方公报官网。

3　具体标准参见法国社会保障医疗保险Assurance Maladie官网。

4　参见法国《社会保障法》第L160-1款至第L160-7款及第R111-1款至第R111-4款。

部分。[1]

（三）德国相关医疗保险立法

德国政府在1989年制定了《医疗市场改革法》(Health Care Reform Act)，在医保体系下正式引入参考定价制度(Reference Based Pricing)。参考定价制度针对国家医保支付药品进行价格规制。在德国，原则上药品只要获准上市，除非该药品被列入"负面清单"(negative list)，否则就自动进入医保报销目录。因此，德国绝大部分药品都在参考定价制度的管辖范围内。为鼓励德国制药企业创新研发，参考定价制度不包括专利药。如果某专利药品具有疗效创新、可间接降低医保基金负担等特点，德国医保基金伞状管理机构(GKV)将直接与制药企业单独进行谈判，以确定药品价格。[2]

根据德国《社会法典》第五部分的规定，按照化学成分、治疗效果等标准将法定医疗保险用药分三类：第一类是在治疗上相当且具有相同活性成分的药物；第二类是在药理上和治疗上具有相当活性成分的药物，特别是化学结构类似的药物；第三类是具有相当治疗效果的药物。[3]又将每一类用药分成若干药物组别，以同一组所有药品的价格为基础，由医疗保险基金领导协会确定一个最高给付价格，即为药品的参考价格。患者所用药品若低于参考价格，则按照实际价格补偿，若超过参考价格，超出部分完全由患者自付。

德国参考定价制度的目的在于控制第三方付费者(政府或保

1 郑淇、张方：《法国药品定价管理过程与方法介绍》，《中国药业》2014年第4期。

2 姚东宁、邵蓉：《德国药品参考定价制度对我国的启示》，《价格理论与实践》2014年第9期。

3 参见董文勇：《德国社会医疗保险用药费用药费用控制制度及其对中国的启示》，《环球法律评论》2006年第2期。

险公司）的药费支出，力图通过减少需方对高价药品的需求，刺激作为供方的药品生产者主动降价，来降低参考定价制度所涉及的药品价格。

就需方而言，当消费者选购低于或等于参考价格的药品时，只需要自付法律规定的一定比例的费用，其余部分均能获得支付补偿。而当消费者选择高于参考价格的药品时，则需自己全额支付超过参考价格部分的费用。

就供方而言，参考价格尽管并不与药品的销售价格挂钩，药品生产商可以自主定价，但由于参考价格的制定对象是德国药品范围涉及最广的法定医疗保险用药，为了抢占市场份额，德国的企业主动降价并维持产品低价，以及积极创新并投入非参考价格药品的研发，以此作为获利的模式。[1]

因参考定价制度不适用于新药，药品生产商能为新药设定较高的价格，以获得较高的利润，从而弥补参考定价给药品利润带来的损失。这有力地刺激了药品生产商研发更多的创新药物，而不仅仅是改变药品的剂型或包装。德国定价体系呈现出“双重定价”的特质，可为创新药品设定较高的药价，疗效改进一般的药品则必须受制于疗效参考价格。

（四）世界卫生组织的基本药物目录

1977年，基本药物的概念由世界卫生组织在第615号技术报告中正式提出，指卫生系统能随时提供的、数量充足的、剂型适宜的、质量和信息可靠的及个人和社区能支付得起的药物。国家基本药物是各国根据自己的国情和基本药物政策，用科学的方法从各类临床药物中遴选

1　沈秋欢、彭翔：《德国药品参考价格制度及其对我国药价管理改革的启示》，《现代经济信息》2016年第6期。

出的、具有代表性的药品，其特点是疗效好、不良反应小、质量稳定、价格合理、使用方便等，并属于医疗保险范畴。其目的是既要满足人民防病治病的需要，又能使国家有限的卫生资源得到有效的利用，达到最佳的社会效益和经济效益。

基本药物目录是医疗保险的基本用药依据，随着医疗保险覆盖面不断扩大，医疗保险目录中所列药物使用频率将大幅提高，纳入目录的药品销量将远远高于未纳入的品种。如果新研发出的且具有良好成本效果的药物没有及时进入基本药物目录，则将对新药研发产生消极影响。

1. 遴选方法

世界卫生组织对基本药物目录的遴选，采用专家委员会评审制度，专家委员会由有经验的科学家与临床专家，以及公共卫生、指南制定和循证诊疗方面的专家组成。在基本药物遴选中采用循证方法，保证整个过程的透明性。要想让某种特定药物纳入世界卫生组织基本药物目录，需以标准化格式提出申请，提供系统评价结果作为支持证据，并经外部评审。

2. 遴选原则

遴选原则以药物的成本效益评价结果为依据，讲求同类比较的安全性、有效性和经济性证据，价格高但疗效好的药物仍可被纳入世界卫生组织基本药物目录。遴选过程中需要参考临床指南、价格信息、世界卫生组织药典、质量标准信息等各类支持证据。而且，基本药物遴选是一个持续的过程，需时刻关注新疗法、新病种和耐药性的出现，世界卫生组织基本药物选择和使用专家委员会通过考量与疾病流行和公共卫生相关的科学证据，考量药品有效性和安全性，权衡药品成本收益，每两年审查并更新一次基本药物目录。[1]

---

1 Expert Committee on Selection and Use of Essential Medicines，世界卫生组织官网。

3. 遴选流程

基本药物遴选流程如下：（1）整个基本药物申请和评审过程都有文字记录，并在网上公开；（2）无论是基本药物申请材料、专家委员会委员对申请材料的书面评审意见，还是相关支持证据，以及基本药物申请与评审时间进度，都在世界卫生组织官网上公开；（3）所有专家和顾问均需填写相关利益冲突表格，详细声明自身及所在机构利益冲突的性质与范围，有利益冲突的专家需回避评审；（4）为避免专家受到不必要的干扰，所有决定均在封闭会场做出，会议通过的及修订后的世界卫生组织基本药物目录，经世界卫生组织总干事批准后，很快在网上公布。

（五）我国制度的改进

1. 基本药物制度的改进

我国自2009年提出建立国家基本药物制度以来，迄今为止发布了2009版、2012版、2018版国家基本药物目录。基本药物制度不仅是药品供应保障的基础，也与医保基金平稳运行和药物创新密切相关。结合我国国情构建科学合理的基本药物制度，是促进医药研发创新的切入点之一。

（1）优化基本药物的遴选原则

我国基本药物制度实施之初遵循“防治必需、安全有效、价格合理、使用方便、中西药并重”[1]的药物遴选原则，到2018年提出“根据我国疾病谱和用药特点，充分考虑现阶段基本国情和保障能力，坚持科学、公

1　参见《中共中央国务院关于深化医药卫生体制改革的意见》，中发〔2009〕6号，2009年3月17日；《国务院办公厅关于巩固完善基本药物制度和基层运行新机制的意见》，国办发〔2013〕14号，2013年2月10日。

开、公平、公正的原则”，[1]再到而今提出的“‘突出基本、防治必需、保障供应、优先使用、保证质量、降低负担’的功能定位，坚持中西药并重、临床首选的原则”，[2]我国的基本药物遴选原则在探索中逐渐优化。

随着疾病谱的变化和高新技术的发展，基本药物目录已不再仅包含最基本的治疗性或预防性药物，还包含更多的创新药物和临床疗效等同的药物，这样的制度安排有助于保障药品的可及性，有助于实现公众健康权的平等保护。[3]在我国目前的财政状况和医保支付水平下，有些创新药物尚难以纳入我国基本药物目录，但在药物遴选原则上应该体现对创新的鼓励，除临床必需的常用药外，也可以将一些高价值创新药纳入基本药物遴选评价范围。

（2）细化基本药物的遴选标准

国家基本药物遴选应当按照防治必需、安全有效、价格合理、使用方便、中西药并重、基本保障、临床首选和基层能够配备的原则。[4]虽然基本药物的遴选应“以诊疗规范、临床诊疗指南和专家共识为依据，中西药并重，遴选适当数量的基本药物品种”，[5]但这只对基本药物遴选的方法做出了原则性的规定，我国基本药物遴选仍缺乏具体统一的评价指标和遴选依据。

建议我国参考国际经验，颁布专门的《国家基本药物遴选指南》，

1 参见《国务院办公厅关于完善国家基本药物制度的意见》，国办发〔2018〕88号，2018年9月13日。

2 参见《关于就〈国家基本药物目录管理办法（修订草案）公开征求意见的公告〉》，国家卫生健康委药政司，2021年11月15日。

3 胡善联：《2019年版世界卫生组织基本药物目录的创新及特点》，《卫生经济研究》2019年第9期。

4 参见《国家卫生计生委、国家发展改革委、工业和信息化部等关于印发国家基本药物目录管理办法的通知》（国卫药政发〔2015〕52号）第4条。

5 参见《国务院办公厅关于完善国家基本药物制度的意见》，国办发〔2018〕88号，2018年9月13日。

以我国国情为基础，对各项遴选标准进行详细规定和解释说明。制定标准还可参考权威的疾病诊疗指南，如原卫生部、国家中医药管理局联合印发的《国家基本药物临床应用指南（基层部分）》与国家卫生健康委发布的《药品临床综合评价管理指南（2021年版试行）》等，都对基本药物的遴选具有参考作用。

应将我国基本药物遴选工作须遵循的原则量化为具体指标，并按重要性赋予相应权重，使专家在遴选时有具体的指标和方法可遵循，降低主观判断导致的偏差度。在此基础上，建议首先将已经出台的《国家基本药物临床应用指南（基层部分）》、中国药学会医院药学专业委员会等联合发布的《医疗机构药品遴选指南》、中国药学会药学服务专业委员会发布的《中国医疗机构药品目录管理评价指南》等作为参考依据。再按各专家的研究领域划分，每个领域成立适当数目的专家组，每组安排适当数量的专家，各专家组独立开展基本药物遴选工作，以保证各专家组的独立性，然后将各组工作成果汇总，通过组间讨论等方式解决分歧，取得共识。

建议在细化遴选标准的基础上，设计出一套标准固定、过程客观、结果科学的基本药物遴选机制，以提高我国基本药物遴选的客观性、规范性和稳定性，更好地指导基本药物的研发、生产和流通活动，提高基本药物质量。

（3）提高遴选透明度，增进公众参与度

我国基本药物遴选主要借助行政力量的主导，尚未广泛征求相关利益方的意见。主管部门应在官网上公开遴选程序、证据评价方案、专家意见分歧及各自理由、品种调整理由等信息。在遴选体系构建过程中，还应当尽可能与各利益相关方对话协商，以多种形式收集和采纳社会各界的意见和建议，包括听取卫生健康、药监、医保、财政等行政部门的意见，听取医师、药师、护士等医疗人员的意见，听取药品生产企业、药品经营企业的意见，听取保险公司、学术界、非政府组织、行业协会和消费者团体等的意见。

基本药物目录管理应当坚持科学、公正、公开、透明，广泛听取社会各界意见和建议，接受社会监督。建议建立科学的基本药物遴选体系和公开透明的监管机制，以规范基本药物遴选过程中的裁量权。

（4）完善基本药物目录调整机制

现行《国家基本药物目录管理办法》第9条规定："国家基本药物目录在保持数量相对稳定的基础上，实行动态管理，原则上三年调整一次。必要时，经国家基本药物工作委员会审核同意，可适时组织调整。"然而，该条款并未规定突发情况下的应急措施。而近年来突发重大公共卫生事件频发，面对新型冠状病毒感染、严重急性呼吸窘迫综合症（SARS）、口蹄疫、甲型H1N1流感等疾病时，基本药物目录或许也应做出相应调整。

2018年《国务院办公厅关于完善国家基本药物制度的意见》强调要"综合药品临床应用实践、药品标准变化、药品新上市情况等因素，对基本药物目录定期评估、动态调整，调整周期原则上不超过三年。对新审批上市、疗效较已上市药品有显著改善且价格合理的药品，可适时启动调入程序"。应在充分论证的基础上，建立应急药物进入、退出基本药物目录的快速通道，提高目录调整的灵活性。对世界卫生组织示范目录中已获临床论证、得到国内国际权威认可的新增药物，可考虑优先论证或直接纳入，使我国基本药物目录能更快、更好地保障群众的医疗用药需求。此外，应考虑到监管成本因素，权衡和兼顾目录的灵活性和稳定性，不断完善基本药物目录的调整机制。

2. 医疗保险制度的改进

（1）降低创新药医保目录准入时限门槛

我国国家基本医疗保险目录自2000年发布后，起初经历2004年、2009年、2017年三次调整，自2019年开始每年调整一次。目前，国务院医疗保障行政部门依法建立完善动态调整机制，原则上每年调整一次国家基本医疗保险目录。[1]新药医保目录准入时限门槛虽已有降低，但新上市药物一旦错过时限，未获得纳入医保目录的机会，就要推后一年，不利于药企将新药商业化并扩大市场份额。对研发投入成本更高的创新药研发企业而言，一年时间更是意义重大。因此，可考虑对创新药物和非创新药物设置不同的准入周期，例如，每年给上市创新药物以两次纳入医保目录的机会，甚至可以考虑在药品获批上市后，就允许其申请医保准入，推进药品准入谈判常态化，这有助于激励企业创新，也能让广大参保患者更早受益。

（2）设置创新药准入“绿色通道”

2017年中共中央办公厅、国务院办公厅印发的《关于深化审评审批制度改革鼓励药品医疗器械创新的意见》强调，“支持新药临床应用。完善医疗保险药品目录动态调整机制，探索建立医疗保险药品支付标准谈判机制，及时按规定将新药纳入基本医疗保险支付范围，支持新药研发。鼓励医疗机构优先采购和使用疗效明确、价格合理的新药”。为创新药物与非创新药物设置差异化医保准入路径，能够有效提高创新药物的医保准入速度，激励创新。[2]建议在目录调整工作方案中，以提高医药行业研发能力为创新导向，明确鼓励创新的调整思路，优先将原研创新药，特别是将适用于重大疾病的创新药纳入医保目录准入的绿色通道。

在《2022年国家基本医疗保险、工伤保险和生育保险药品目录调整工作方案》《谈判药品续约规则》中，新增了简易续约规则，[3]明确了简化准入模式和路径，有部分新增适应症的创新药可以无须重新谈判，而通过“简易续约”规则直接纳入医保，这对创新药企业而言是重要利

1 《基本医疗保险用药管理暂行办法》（国家医疗保障局令第1号）第11条。

2 参见李赛赛、徐伟、王煜昊、路娜娜：《创新药物医保目录准入研究》，《卫生经济研究》2019年第10期。

3 《2022年国家基本医疗保险、工伤保险和生育保险药品目录调整工作方案》，国家医疗保障局，2022年6月29日。

好。未来，可为创新药的医保准入开辟“绿色通道”，另设遴选程序，探索在建立应用风险分担协议机制的基础上，让创新药“宽进宽出”，在公平竞争机制的前提下，畅通创新药的快速医保准入通道。

（3）改善医保费用支付方式

我国医保通常是按项目支付，根据诊疗过程中用到的所有药品、医疗服务项目总体结算，且有封顶限制，高值创新药品费用高，容易突破报销封顶线，医保总额控制也会对创新药品支付形成影响。2021年国家医疗保障局发布《DRG/DIP支付方式改革三年行动计划》（医保发〔2021〕48号），明确从2022年到2024年底，全国所有统筹地区全部开展按疾病诊断相关分组（DRG）/病种分值（DIP）支付方式改革工作。在改革过程中，可借鉴德国以参考定价制度为基础的医保支付模式，实行按病种付费的支付方式，即在确定病种医疗总费用的前提下控制用药总费用，不具体规定能否使用什么药品，医生和病人可在规定的医疗总费用中，选择需要的药品，按规定报销，引导医生和病人做出选择，从而激活企业对创新药物研发的积极性。

创新药种类繁多，包括罕见病用药、肿瘤药等，故不同创新药最适宜的医保支付方式不尽相同，应当探索多元化的支付方式，基于不同创新药临床价值及疗效进行分类分级支付，有效管控创新药品支付风险，降低高昂药费对医保基金运行的影响，且可凸显创新药的疗效价值。此外，各地方政府、医保和财政部门也可构建补充支付方式，覆盖临床必需且具有明确疗效的高值创新药品，提高创新药品的可及性。

（4）完善医保准入谈判机制

经过多年探索，我国药品医保目录准入谈判机制在不断完善，改善了决策者与药企之间的信息不对称，形成了合理价格。目前，医保准入谈判最显著的效果是降低了创新药物的价格，根据国家医疗保障局提供的数据，2017年至2021年，国家医保谈判后的药价年平均降幅分别为44%、57%、61%、51%、62%，这提高了创新药物的经济可及性，为广大患者带来福利。但从长期来看，过低的价格可能会使企业难以在短期内收回高额研发成本，也不利于企业维护全球市场定价策略，或许会造成中小药企的并购，又或使企业放弃国内市场转而投入国际市场，从而影响创新的可持续性，导致高值创新药物在中国迟滞上市，最终影响患者用药的可及性。

为此，医保准入谈判应以循证决策、价值导向、尊重创新为原则，进一步细化和完善医保谈判中的市场机制和各相关方参与协商机制，令谈判流程更趋于透明公开，加强经济学和循证研究的应用力度，追求成本收益最好的价格而非最低价格，应鼓励制药公司投入药物研发的积极性。此外，可完善多利益主体参与的机制，例如，在医保准入谈判中，应发挥医师协会、患者组织等的作用，增加医师、患者、企业和公众等利益群体的表达机会，并将其制度化，使之落到实处，推进药品谈判价格形成的科学化。[1]

（5）推进多层次医疗保障体系建设

解决新药的可及性和鼓励创新，不能仅靠国家基本医保保险的“华山一条路”，还需建立完善符合国情的多层次医疗保障体系，充分发挥各类补充保险、商业健康保险的功能。

2020年《中共中央国务院关于深化医疗保障制度改革的意见（2025—2035）》提出，“到2030年，全面建成以基本医疗保险为主体，医疗救助为托底，补充医疗保险、商业健康保险、慈善捐赠、医疗互助共同发展的医疗保障制度体系”。顺应政策导向，建议探索商业保险的发展路径，可引入商业健康保险进行协同支付。商业保险不受“收支两条线”的影响，在支付和结算方面更加灵活，可以与药企之间形成操作性更强的风险分担机制，例如，制定量价协议，超出协定销量后企业向保险公司退款，或由保险调降支付标准。[2]如此，可以缓解国家医保基金压

1　吕兰婷、刘文凤：《药品定价政策与最新进展及对中国的启示》，《中国现代应用药学》2021年第3期。

2　丁锦希、李佳明、任雨青：《多层次保障框架下的高值创新药物医保准入新思路》，《中国医疗保险》2021年第2期。

力，多方保障创新药使用，实现鼓励药物创新的导向。

四、激励政策立法与药物创新

鉴于新药研发具有长周期、高投入和低成功率的特点，仅凭市场机制难以有效激励创新药物研发的投入和产出。创新政策在技术创新中的作用，在于通过财政支持、税收优惠、知识产权保护等法律手段，影响企业技术创新的内部诱因，改善企业技术创新的外部环境，从而促进技术创新和科技发展。本部分对美国、欧盟、日本的激励立法进行评述，通过比较分析，从财税激励和科技创新立法两方面，为我国药物创新的激励政策法治化提供镜鉴。

（一）财税激励制度

1. 美国

为了激励企业增加研究开发投入，补偿政府对研究开发投入的不足，美国政府制定了针对企业研究开发支出的税收激励法律制度。

（1）税收抵免（Tax Credit）

美国在1981年《经济复兴税法》（Economic Recovery Tax Act of 1981）[1]中设定了《研究和开发减税法》，其中有如下规定：

企业能够申请研究和试验费用抵免，研发费用超过法定限额的部分可以获得20%的税收减免；如果企业某年增加了自主创新投入，则增加的部分也可享受减税政策。此外，如果在课税年度，企业通常的研究开发费用超过过去三年的平均发生额，则超过部分的25%免税；在从事

1 Pub.L. 97-34, 95 Stat. 172, enacted August13, 1981.

基础研究时,对各税收年度的研究开发费的65%免征所得税。[1]

就机械设备革新而言,企业用于技术创新、更新改造的设备,若其法定使用年限在五年以上,则购入价格的10%可直接从当年的应纳所得税中扣除;若法定使用年限三年,抵免额为购入价格的6%。某些购入的旧设备也可享受不同程度的税收抵减。[2]

20世纪70年代至80年代,美国政府两次缩短了固定资产的法定使用年限,并简化了折旧计算方法,科研设备等固定资产的折旧年限缩短至三年,机器设备缩短至五年,厂房、建筑物缩短至十年。

就所得税抵免额计算而言,美国政府根据企业当年符合条件的研究开发经常性支出超过基准数额(企业前四年的平均销售额)之百分比的不同,确定税收抵免额的税收优惠计算方法(见表4-1),使企业的税收减免操作性日益规范。而且企业的税收研究开发抵免可以往后结转20年,往前结转两年。

表4-1　美国税收抵免额的税收优惠计算方法[3]

区间范围	税收抵免额
1%<(F − E)/E≤1.5%	F*2.65%
1.5%<(F − E)/E≤2%	F*3.20%
2%<(F − E)/E	F*3.75%

E:企业前四年的平均销售额;F:企业当年的R&D经常性支出

1　Economic Recovery Tax Act of 1981. Title II. Subtitle C. Sec 221.

2　Economic Recovery Tax Act of 1981.26 usc.sec.102

3　杨军歌、丁锦希、邵蓉:《创新药物研发投入激励法律制度实施效果的国际比较分析》,《中国医药导报》2011年第4期。

由于绝大多数生物医药企业在发展的初期阶段并没有任何销售收入，美国税法还制定了净亏损抵税政策（net operating loss credits）。企业根据年度净亏损可以获得相应信用积分，在未来年度里，也可以用该信用积分来抵销企业收入税。

（2）政府资金支持

1982年通过的《小企业创新发展项目法》规定，小型企业可以申请政府的创新研发资金。

2. 英国

英国2000年《财政法》和2002年《财政法》分别制定了针对中小型企业和大型企业的研发税收加计扣除政策。

英国提供两种从量计征的激励政策，包括：

（1）中小型企业，即员工不到500名，且总收入不超过1亿欧元或总资产不超过8 600万欧元的企业，可享受225%的税前加计扣除；[1]

（2）大型企业可享受130%的税前加计扣除。此外，财务亏损的中小型企业可适用现金补贴，最高可达适格研发费用的24.75%。

目前，对于大型企业的研发费用税收扣除不设上限，但对中小型企业设置上限，每个研发项目税收扣除不得超过750万欧元。[2]

2012年政府预算和2012年《财政法》废止了与研发税收抵免相关的三项限制条款。自2012年4月1日起，中小型企业申请研发抵免不再受所得税预扣（Pay As You Earn，简称PAYE）和国民保险税（National Insurance Contributions，简称NICS）的限制。所有类型企业申请研发抵免时无须再受“每年适格研发费用不得少于10 000英镑”条件的限制。[3]

1 UK Finance Act 2000. Section 69(1). Schedule 20–Section 69(2). Schedule 21.

2 UK Finance Act 2002. Section 53. Schedule 12.

3 UK Finance Act 2012. Section 20. Schedule 3.

英国税收激励政策的特点是根据企业规模，提供不同程度的研发税收优惠，具体措施如表4–2所示。

表4–2　英国创新税收政策[1]

描　述		对应法律	具体措施
加计扣除	大型企业	Corporation Tax Act 2009	130%的税前加计扣除
	中小型企业	Autumn Statement 2014	230%的税前加计扣除，其中中小型企业是指总资产不超过8 600万 欧元或总收入不超过1亿欧元，且员工人数不足500人的企业
税收抵免	大型企业	Budget 2013 Autumn Statement 2014	自2013年4月1日起，可选择享受合格研发费用10%的ATL抵免； 自2015年4月1日起，该比例提高为11%
	中小型企业	Budget 2014	R&D现金抵免适用于财务亏损的中小型企业，自2014年4月1日起，比率从11%提升至14.5%
现金抵免	大型企业		在新的研发支出抵免方案中，亏损的大型企业也可适用现金抵免（有金额上限）
	专利盒子计划	Budget 2013	自2013年4月1日起，逐步引入该计划，企业可为其发明专利和其他特定创新收益申请较低税率，最低适用税率为10%
		结转期限	未使用的研发抵免可无限期向后结转，以抵销未来相同交易或业务的利润，除非三年之内所有权和贸易性质发生变化

1　孙莹：《国际税收法案激励企业科技创新的新特征与趋势》，《科技进步与对策》2015年第21期。

（二）科技创新立法

科技创新需要相应的政策法规的推动。

1. 美国

（1）1980年《拜杜法》

《拜杜法》由美国国会参议员博区·拜（Birch Bayh）和罗伯特·杜尔（Robert Dole）提出，1980年由国会通过，1984年又进行了修改。后被纳入美国法典第35编（《专利法》）第18章，标题为“联邦资助所完成发明的专利权”。

《拜杜法》[1]明确提出，美国国会关于专利制度应用的原则和目的是：促进在联邦政府资助下，研究取得以及有进展的发明的应用；鼓励小型企业尽可能多地参与联邦政府所支持的研发；促进企业与包括大学在内的非营利组织的合作；保证由非营利组织和小企业合作的发明，可以促进自由竞争以及发明的积极性；促进在美国境内的美国产业界进行发明的商业化以及公共的可用性；确保政府有充分的权力，来支持发明人满足政府的需要，防止公众滥用及不合理使用发明专利；减少这一领域管理政策的成本。

《拜杜法》主要是以大学、中小企业和非营利研究机构为规范客体，允许上述机构对政府资助的研发成果拥有知识产权，并可以专有或者非专有方式授权给企业，进行技术转移；研发成果的运用须符合美国企业优先原则。

《拜杜法》的主要内容如下：

① 大学有权选择是否持有由联邦政府资助的科研项目成果的所有权（事先约定除外）。

1 PL96–517, HR. 6993, 35 USC. 200 et seq. 1980.

② 大学必须在接到科研人员的成果报告书两个月内，将这一事实上报给提供资金的联邦政府机构；大学在接到科研人员成果报告书的两年内，可以选择是否持有科研成果的所有权。

③ 如果大学选择持有科研成果所有权，则必须在规定的时间内提出专利申请；有关发明的描述受到法律的保护不向公众扩散，《信息自由法》要求为专利的申请提供合理的期限。

④ 在大学选择放弃所有权的前提下，在协商的基础上，科研人员可以持有所有权。

⑤ 大学可以向第三者转让上述科研成果，取得技术转移收入。

⑥ 大学必须与科研人员分享技术转移收入，并在扣除必要的费用外，将余额用于科学研究和教育。

⑦ 政府保留"介入权"，若大学未能通过专利许可方式使某项发明专利化，政府将保留决定该项发明由谁来继续商业化的权利。

⑧ 美国企业享有优先权。大学要优先选择美国国内制造业和中小企业作为技术转移对象，即该研发成果的商品必须在美国境内生产、制造。

（2）1980年《史蒂文森-威德勒技术创新法》

《史蒂文森-威德勒技术创新法》[1]旨在通过以下几个方面来改善美国的经济、环境，以及公民社会福利：在联邦政府执行部门中建立机构，以研究和激励科学技术发展；通过建立产业技术中心来促进技术发展；激励改进由联邦提供资金的技术研发，让发明、计算机软件以及训练技术在国家及地方的政府和私营企业中得到应用；通过奖励已经在科学技术方面做出杰出贡献的个人和群体，鼓励科学技术的发展；鼓励学术界、产业和联邦实验室中的科技人员的交流。

1　PL96-480, S1250, 15 USC 3701-3714, 15 USC s/s 3701 et. seq. 1980.

可对该法的主要内容概括如下：

① 在商务部内设立产业技术办公室。产业技术办公室的职能是确定技术开发和国际技术转移与产业、就业、生产率、美国的世界贸易成绩及外国产业部门的关系；确定经济、劳工和其他条件以及产业结构和管理、政府政策等对全世界特定产业部门的技术发展的影响；在产业部门内部和产业部门之间，明确技术需求、问题和机会，这些产业部门如致力于此，则能为美国经济做出重要贡献。

② 商务部长应该为产业技术中心的设立提供帮助。产业技术中心的职能主要是发展技术创新的基础研究、改善工程技术教育、扩大职业培训、向产业界尤其是小企业提供技术援助和咨询服务；支持大学和企业界之间科学技术情报的交流，以及小企业的创新应用研究，积极促进科技成果的商业化进程。

③ 设立国家产业技术委员会。国家产业技术委员会每年负责审查产业技术办公室的工作。该委员会由15名有表决权的成员组成。他们应由部长任命，任期三年，其中两名成员分别担任主席和副主席。产业技术办公室主任是该委员会无表决权的成员，委员会成员应在一个或多个相关技术的工业创新领域具有丰富经验和技术水平。

④ 确定联邦政府技术应用的政策。确保充分利用国家在研究开发方面联邦投资的成果，是联邦政府始终不渝的责任。为此，联邦政府应尽力在条件适当时，将联邦所有或首创的技术转移给州和地方政府及私营部门。

⑤ 每个联邦实验室都应建立研究和技术应用办公室。年度总预算超过两万美元的每个实验室，应为研究和技术应用办公室至少提供一名专业人员作为专职职员。

⑥ 规定联邦实验室技术转移活动的专项预算。要求每个管理或指导一个或多个联邦实验室的联邦机构，应提供不少于该机构研究开发总预算的相应比例，以支持该机构及其实验室的技术转移职能，包括支

持研究和技术开发办公室。该专项预算的比例以后被修订为保障充足的经费。

⑦ 规定联邦实验室研究和技术应用办公室的职能。

⑧ 规定在商务部内设立联邦技术应用中心。

⑨ 设立国家技术奖。由总统授予在技术创新和技术人才培养方面有突出贡献的个人或者企业。

⑩ 由商务部和国家科学基金会共同制定人员交流计划，促进学术界、企业界、联邦实验室的科学技术人员的交流。

（3）1982年《小企业技术创新进步法》

1982年《小企业技术创新进步法》[1]的目的是鼓励中小企业技术创新，利用中小企业的技术力量来满足联邦政府研究开发工作及商业市场的需要，并强化社会各界在联邦政府研究成果商品化过程中的作用。可对该法的主要内容概括如下：

① 规定设立小企业技术创新研究计划，要求政府机构对与其任务相关的小型企业研发提供资助；

② 要求凡年度研究和开发费用在一亿美元以上的联邦政府机构，按一定比例向中小企业创新研究计划拨出专款；

③ 凡年研究与开发经费超出2 000万美元以上的单位，每年向小企业确定科研项目。

（4）1984年《专利与商标法》

1984年《专利与商标法》[2]是1980年《拜杜法》的修正案，其主要立法目的在于提高非营利研究机构与中小企业的研发动力，并促进技术成果的有效运用。该法的主要内容包括：

① 规定以实验、开发或研究为目的而接受联邦政府经费补助的非

1 PL. 97–219, S.881, 15 U.S.C. 638 et seq.1982.

2 PL. 98–620, HR.6136, 35 U.S.C. 202, 1984.

营利研发机构或中小企业，可以取得研发成果的所有权，并可以采用专属、非专属等方式运用该研发成果。

② 规定研发成果的运用必须符合美国工业优先原则，即该研发成果形成的商品，必须在美国境内生产、制造。

③ 规定取得研发成果的非营利研发机构或中小企业，若不积极运用该成果，联邦政府在符合一定条件下，行使介入权，将该成果授权他人使用。

④ 允许由承包人运作政府所有的实验室，对于奖励性专利许可拥有决定权。

⑤ 允许实验室运行方接受专利权使用费，用于研发、奖励和教育。

⑥ 允许私营企业，不论大小均可获得独占性专利许可。

⑦ 允许由大学或者非营利组织运行的实验室在一定条件下拥有发明权。

⑧ 对于实验室管理和运行方所拥有的发明，政府保留世界性的、非专有的、不可撤销的、不需授权使用费的使用权。

（5）1987年第12591号和12618号总统行政命令

里根总统在1987年4月10日发布了《关于促进使用科学与技术的机会命令》（即12591号总统行政命令）；[1]同年12月22日，他又发布了《关于联邦政府资助发明的统一规定》（即12618号总统行政命令）。[2]这两项总统行政命令促进了联邦科学和技术的商品化，主要目的是确保联邦实验室和政府机构通过技术转移支持大学和私营企业。

（6）1988年《综合贸易与竞争性法》

1988年《综合贸易与竞争性法》提出，加强技术转移是提高企业竞争力的一项主要措施。该法强调非营利组织与私营企业在充分利用研

1 52 FR 13414; April 22, 1987.

2 Federal Register page and date: 52 FR 48661; December 24, 1987.

发成果和资源方面合作的必要性。根据该法，设立了国家标准与技术研究院，组织研究机构和企业共同实施先进技术计划，通过设立区域制造技术转移中心，向中小企业推广应用政府资助的制造技术项目。该法与技术转移相关的主要内容概括如下：

① 授权商务部资助成立地方制造技术转移中心。

② 针对各州及地方成功的技术项目，在州政府内部成立信息交流中心和产业拓展局。

③ 将国家标准局更名为国家标准和技术研究院，并扩大其技术转移的职能。

④ 授权国家标准和技术研究院建立两项试验性国家计划：一是“先进技术计划”，主要目的是播种未来经济增长和就业机会创新种子的政府-企业合作计划；二是“制造业发展合作计划”，主要目的是建立面向中小企业服务的区域性制造技术中心，推广技术，提供技术和管理援助，提升美国产业和技术竞争力。

⑤ 将专利权使用费的有关规定推广至联邦实验室的非政府雇员。

2. 日本

(1)《科学技术基本法》

为了加强基础研究，推动基础研究、应用研究和开发研究的协调发展，强调国家与地方及民间团体的协调和产学研的联合，促进科学技术快速发展，1995年11月15日，日本颁布了《科学技术基本法》。该法是支撑日本科学技术体系的基本法律。该法规定了日本在发展科学与技术方面的基本国策和大政方针，要求增强产学研合作，推进基础研究、应用研究和开发研究的协调发展。

日本政府于2020年3月10日在内阁会议上通过了《科学技术基本法》修正案，修订后的法案更名为《科学技术创新基本法》，突出以“创新”为焦点的变革，旨在通过科技振兴及研究成果的实用化推广，实现革新技术的振兴，且强调创新不仅仅局限于科学技术，增加了关于人文和社会科学创新的内容。[1]

（2）《科学技术振兴事业团法》《独立行政法人科学技术振兴机构法》

为了加强科学研究的基础设施建设，加强研究交流活动，促进技术开发和技术成果的普及，1996年3月31日，日本颁布了《科学技术振兴事业团法》。该法的主要内容是成立科学技术振兴事业团，以便将大学或研究所的优秀成果产业化，并培育创造出新的产业。同年10月1日，依据该法成立了日本科学技术振兴事业团，主要负责重大专利技术的产业化工作。该机构每年通过各种渠道把上百项重要科研成果成功转化为产品。

（3）《日本中小企业事业团法》《中小企业技术开发促进临时措施法》

日本政府于1980年5月20日颁布《日本中小企业事业团法》，包括总则、理事会、财务及会计、监督、其他、处罚共七章，另有附则七条。根据该法规定，“中小企业综合事业团”以推动中小企业的振兴、增加中小企业的福利及中小企业的稳定经营为目的，为促进中小企业结构优化提供必要的指导与资金支持，为推进中小企业经营的合理化、技术的提高及企业间的互助制度，提供必要的信息与培训。

1985年颁布的《中小企业技术开发促进临时措施法》提出，对转产的中小企业在资金和税收上给予优惠，及时针对技术革新迅速发展及需求结构的显著变化，促进中小企业技术开发，谋求中小企业振兴和产业技术的协调发展等。

（4）《促进大学等的技术研究成果向民间事业转移法》

该法的核心内容是鼓励大学设立科技成果转化中介机构，确定政府从制度到资金方面对该类中介机构予以支持的法律依据。其要点是通过该法来促进大学及国立研究机构将技术成果向企业转移，使企业提高技术水平，应用研究成果开拓新的产业。设立“产业基础整顿基

1　徐爽、闫亭豫、吴金希：《日本科技基本法设立以后科技政策的演变研究》，《科学学与科学技术管理》2022年第2期。

金”，对实施技术转移的大学提供资金支持和债务担保。文部大臣和通产大臣采取措施努力推动民间事业者学习、掌握必要的知识和技术。技术成果转移的相关专利费和手续费按比例处理。

（5）《产业活力再生特别措施法》

1999年8月13日，日本颁布了《产业活力再生特别措施法》。该法旨在鼓励开展科研活动，提高由日本政府支持研发的科技成果的利用效率。在促进高校科技成果转化方面，该法首先修改了大学发明专利权的归属原则，继而规定了专利年费和专利申请手续费的减免特例，以进一步鼓励大学技术转移的热情和积极性。

（三）对我国的启示

我国《药品管理法》体现了鼓励药物创新的精神。《药品管理法》第5条规定，国家鼓励研究和创制新药，保护公民、法人和其他组织研究、开发新药的合法权益。药物创新要更加关注真实世界的数据，关注患者的可及性、可负担性，关注新药的治疗效果。药物创新要争取有突破性的创新，在机理上有创新、在疗效上有提高，而非在低水平、低层次上的创新。除了《药品管理法》《疫苗管理法》中鼓励创新的制度安排，近年来，我国陆续制定实施了一系列支持科技进步和自主创新的税收政策，但还应借鉴国际经验，不断完善现行的财政、税收、科技创新政策，推动我国医药创新驱动战略的有效实施。

1. 财税激励制度的完善

（1）提高研发费用税前加计扣除比例

依据现行《企业所得税法实施条例》第95条规定，[1]我国企业研发

1　《中华人民共和国企业所得税法实施条例》，2007年12月6日中华人民共和国国务院令第512号公布，根据2019年4月23日《国务院关于修改部分行政法规的决定》修订。

费用的加计扣除，是企业为开发新技术、新产品、新工艺发生的研究开发费用，未形成无形资产计入当期损益的，在按照规定据实扣除的基础上，按照研究开发费用的50%加计扣除。后在历年减税降费中临时提高到75%至100%[1]，但与其他国家相比相对较低，且有较多限制条件，例如，将企业限定为高新企业、中小企业、制造业等。可考虑从加大政策激励力度入手，适当提高研发加计扣除比例，并参考国际经验，适当延长未使用抵免向后结转的年限，以及允许技术开发费扣除向以前年度结转。

（2）对高新技术企业固定资产实行加速折旧、特别折旧制度

根据我国《企业所得税法实施条例》第98条规定，目前可以缩短折旧年限或者加速折旧的固定资产仅限于由于技术进步、产品更新换代较快的固定资产，以及常年处于强震动、高腐蚀状态的固定资产，且最低折旧年限不得低于规定折旧年限的60%。设备折旧年限偏长，这直接影响了高新技术企业的设备更新能力。

建议对于认定的高新技术企业，对其使用的先进设备，以及为研究开发活动购置的生产设备或建筑物，普遍实施加速折旧，并借鉴美英日等国的经验，在正常折旧的基础上给予特别折旧，即在折旧资产使用的第一年，允许按一定比例特别折旧扣除。还应简化加速折旧的审批手续，并允许不扣除残值，以加快高新技术企业的设备更新速度。

（3）加大对中小科技企业的税收优惠力度

中小企业是在中华人民共和国境内依法设立的，人员规模、经营规模相对较小的企业，包括中型企业、小型企业和微型企业。[2]中小企业

---

1 《国务院：制造业企业研发费用加计扣除比例提至100%，将推动今年再新增减税800亿》，中国政府网；《财政部 税务总局 科技部关于加大支持科技创新税前扣除力度的公告》，财政部 税务总局 科技部公告2022年第28号。

2 参见《中华人民共和国中小企业促进法》（2002年6月29日第九届全国人民代表大会常务委员会第二十八次会议通过，2017年9月1日第十二届全国人民代表大会常务委员会第二十九次会议修订）第2条。

是我国市场经济中最有活力的部分，由于其资金少、抗风险能力弱，要完成创新研发项目更需要政策支持。应对中小企业给予特别的税收优惠，如所得税的减免、特别的税收抵免、固定资产税的减免，以及特别折旧。针对中小科技企业风险高、寿命相对较短的特点，应给予向中小科技企业进行风险投资的机构以所得税优惠。

《中华人民共和国中小企业促进法》（简称《中小企业促进法》）对鼓励和扶持中小企业发展加以原则性规定。可借鉴国外的立法，在税收抵免（英国中小企业享受225%的税前加计扣除）、试验费用的税收抵扣（日本中小企业可享受试验研究费总额12%的抵免）、固定资产的加速折旧（日本中小企业除了在提取正常折旧之外，再按标准购置成本的30%在第一年增提特别折旧，或者选择按7%的比例进行税收抵免）等方面，对中小企业给予特别的优惠。

（4）加强融资政策支持

《中华人民共和国科学技术进步法》（简称《科学技术进步法》）第92条规定“国家鼓励金融机构开展知识产权质押融资业务，鼓励和引导金融机构在信贷、投资等方面支持科学技术应用和高新技术产业发展”，[1]创新研发需要大量的资金支持，应建立丰富融资体系，提高医药企业获得创新资源的公平性和便利性。

建议通过股市融资、风险投资和知识产权质押贷款融资等方式为新药研发提供资金。在银行融资方面，应优化银行业金融机构的信贷服务和产品创新，如知识产权质押贷款、股权质押贷款、并购贷款等，尤其是建立科学统一的知识产权价值评估体系，鼓励开展额度高、周期长、流程简便的知识产权质押贷款业务，确保中小型创新研发企业可以

1　1993年7月2日第八届全国人民代表大会常务委员会第二次会议通过，2007年12月29日第十届全国人民代表大会常务委员会第三十一次会议第一次修订，2021年12月24日第十三届全国人民代表大会常务委员会第三十二次会议第二次修订。

获得及时的资金扶持。在市场融资方面，可以建立多种形式的产业投融资和信贷渠道，如产业扶持基金、投资公司、私募基金等，可以风险投资的进入和退出机制为切入口，如建立健全产权交易所，引导利用产权交易退出风险投资市场，创造有利于风险投资的制度环境，支撑医药企业进行长期创新发展。

2. 科技创新立法的完善

（1）设置产学研合作激励条款，对企业与科研部门的合作给予鼓励

目前，我国优质科研力量大多集中于高等院校与科研机构而非集中于企业，由于科研部门与产业的技术联系不够密切，当前科技成果的转化率较低。党的二十大报告指出，要"加强企业主导的产学研深度融合，强化目标导向，提高科技成果转化和产业化水平"。[1]现行《科学技术进步法》第31条亦明确："国家鼓励企业、科学技术研究开发机构、高等学校和其他组织建立优势互补、分工明确、成果共享、风险共担的合作机制。"《"健康中国2030"规划纲要》也强调，要"完善政产学研用协同创新体系，推动医药创新和转型升级"。

笔者建议借鉴域外经验，公司委托高等学校或科研机构进行研究所支付的研究费用，按一定比例享受所得税抵免；对企业向高等院校和以研究工作为目的的非营利机构捐赠的科研新仪器和设备，视同费用，在计税时予以扣除；对企业向基础研究领域的捐赠、科研单位或高校向企业赠予的研发设备等享受增值税减免优惠；搭建科研成果转化促进平台以及创新创业平台，对于积极推动科研成果市场化、产业化的中介机构，给予前三年减半征收企业所得税优惠。具体到医药行业，可以推进医疗机构、科研院所、高等学校和药品研发企业等创新主体高效协同，建立更好的药物创新激励机制和以应用为导向的成果评价机制，加

1　参见习近平：《高举中国特色社会主义伟大旗帜　为全面建设社会主义现代化国家而团结奋斗——在中国共产党第二十次全国代表大会上的报告》，中国政府网。

强新药成果转化推广平台建设，从基础研究着手，激励我国创新药物的研发。

（2）鼓励引进创新技术和国际化发展

开放与合作是科技创新的天然属性和要求，日本近些年来把科技立法的重点放在了加强技术创新和加速技术转移上，并正在寻求日益广泛的国际科技合作。我国《科学技术进步法》中专设“国际科学技术合作”一章，鼓励研究机构、高校、科技团体、企业和科技人员等各类创新主体开展国际科学技术合作与交流。

面对当前复杂国际形势，要坚定不移扩大科技开放与合作，建议在相关科技立法中，进一步明确坚持开放合作的根本原则，阐明国际创新合作，国际交流方式、渠道等方面的规定。可以出台法规指引支持医药企业建设海外科技创新中心、离岸创新创业中心等基地，支持有条件的企业参与药品国际标准制定，以及参与国际产业组织合作研发项目。应完善激励企业创新的财税政策，鼓励跨国公司进入中国，开展药物创新研发方面的合作，进一步激发国内创新活力。

参考文献

一、中文著作

1. ［美］莱斯特·M. 撒拉蒙:《政府工具：新治理指南》，肖娜等译，北京大学出版社2016年版。
2. ［日］室井力、芝池义一、浜川清主编:《日本行政程序法逐条解释》，朱芒译，上海三联书店2009年版。
3. ［瑞典］C. 埃德奎斯特、L. 赫曼主编:《全球化、创新变迁与创新政策：以欧洲和亚洲10个国家（地区）为例》，胡志坚、王海燕主译，科学出版社2015年版。
4. 陈强、余伟:《创新驱动发展国际比较研究》，同济大学出版社2015年版。
5. 丁锦希:《创新药物研发政策解读与战略管理》，江苏科学技术出版社2012年版。
6. 宋华琳:《药品行政法专论》，清华大学出版社2015年版。
7. 王建英编著:《美国药品申报与法规管理》，中国医药科技出版社2005年版。
8. 杨光主编:《北京卫生史料》（药政篇），北京科学技术出版社1996年版。
9. 袁杰、王振江、刘红亮、刘沛主编:《〈中华人民共和国药品管理法〉释义》，中国民主法制出版社2019年版。
10. 赵宏:《法治国下的目的性创设——德国行政行为理论与制度实践研究》，法律出版社2012年版。

二、中文论文

11. [英] 约翰·亚伯拉罕:《渐进式变迁——美英两国药品政府规制的百年演进》,宋华琳译,《北大法律评论》第4卷第2辑,法律出版社2002年版。
12. 丁健:《中国药物创新的机遇与展望——在"科学监管通化交流峰会"上的报告》,《中国食品药品监管》2011年第10期。
13. 丁锦希、傅凌宇、孟立立、白庚亮:《中美西布曲明上市后风险管理比较研究及启示》,《中国新药杂志》2015年第14期。
14. 丁锦希、耿露、孙晓东、顾海:《创新药物研发激励政策的量化分析》,《科技与对策》2011年第19期。
15. 丁锦希、季娜:《中美罕用药特殊注册审评制度的比较研究》,《中国医药工业杂志》2011年第11期。
16. 丁锦希、李佳明、任雨青:《多层次保障框架下的高值创新药物医保准入新思路》,《中国医疗保险》2021年第2期。
17. 丁锦希、罗茜玮:《日本创新药物定价机制评价及对我国的启示》,《价格理论与实践》2010年第5期。
18. 丁锦希、赵敏:《中美创新药物研发监管激励政策的比较研究》,《中国新药杂志》2009年第5期。
19. 丁锦希、赵悦、丁志琛:《德国创新药物定价制度研究及其启示》,《价格理论与实践》2012年第4期。
20. 丁锦希、赵悦、顾海:《法国创新药物定价政策评价及对我国的启示》,《价格理论与实践》2011年第6期。
21. 胡善联:《2019年版世界卫生组织基本药物目录的创新及特点》,《卫生经济研究》2019年第9期。
22. 李鸻、宋华琳:《中国药品监管收费制度及其改革》,《宏观质量研究》2013年第2期。
23. 李培:《国内药品注册沟通交流制度介绍与思考》,《中国药事》2021年第12期。
24. 李赛赛、徐伟、王煜昊、路娜娜:《创新药物医保目录准入研究》,《卫生经济研究》2019年第10期。
25. 李姗、杨悦:《美国和加拿大药品风险沟通方法及其对我国的启示》,《中国新药杂志》2012年第21期。

26. 李秀娟、孙利华、刘皓:《美国药品价格政策——促进研发与保障消费之间的权衡取舍》,《中国药物经济学》2009年第6期。
27. 李颖:《程序、优选和决策——美国俄勒冈州药品报销目录制定方式》,《医院院长论坛》2009年第3期。
28. 刘花、杨世民、冯变玲:《美国药品不良反应监测体系简介及对我国的启示》,《中国执业药师》2013年第4期。
29. 刘宗德:《通讯传播行政处分附款之容许性及合法性论议》,《月旦法学杂志》2012年第10期。
30. 吕兰婷、傅金澜:《国家治理变革视角下的"药品医保生命周期"管理——来自日本的启示》,《中国卫生政策研究》2020年第4期。
31. 吕兰婷、刘文凤:《药品定价政策与最新进展及对中国的启示》,《中国现代应用药学》2021年第3期。
32. 任经天:《浅谈我国药品上市后临床研究的监管》,《药物警戒》2007年第2期。
33. 邵蓉、殷天红:《美国药品审评付费制度对我国加快药品审评的启示》,《中国药科大学学报》2014年第3期。
34. 沈秋欢、彭翔:《德国药品参考价格制度及其对我国药价管理改革的启示》,《现代经济信息》2016年第6期。
35. 沈秋欢:《药品参考价格制度典型国家创新药品定价与补偿机制》,《中国新药杂志》2017年第14期。
36. 宋春黎、牛剑钊、张启明、许鸣镝:《日本药品再评价制度介绍》,《中国药学杂志》2014年第12期。
37. 宋华琳、吴凡:《药品注册制度的法律创新》,《市场监督管理》2020年第9期。
38. 宋华琳:《美国药品加速审评程序研究》,《中国处方药》2007年第10期。
39. 宋华琳:《中国药品审评法律制度的行政法改革》,《行政法学研究》2014年第3期。
40. 宋燕、邵蓉:《从新药定义的"缩水"看我国政府对药品创新的扶持》,《中国医药技术经济与管理》2008年第10期。
41. 孙咸泽、李波、王翔宇、杨进波、余欢、顾光:《欧盟药品审评审批制度对我国的启示》,《中国食品药品监管》2017年第11期。
42. 孙莹:《国际税收法案激励企业科技创新的新特征与趋势》,《科技进步与对策》2015年第21期。

43. 唐慧鑫、马爱霞、孙骏:《制药企业上市药品风险管理体系初探》,《药物警戒》2008年第4期。
44. 王雷、邵蓉:《欧盟上市许可人制度下药品安全相关责任主体法律责任分析及其启示》,《中国卫生产业》2015年第33期。
45. 王亮、李爱花、岳晓萌、吴久鸿:《日本药品价格制度研究及对我国药品价格管理的启示》,《中国卫生经济》2017年第10期。
46. 王明珠、李野:《药品上市后的风险管理系统》,《中国药物经济学》2008年第2期。
47. 吴宏辉、宋海波、张力、杨天绎等:《欧盟特殊审评药品上市后安全监管措施研究》,《药物评价研究》2021年第6期。
48. 吴忠虹、董丽、顾玲玲:《新冠肺炎疫情下关于我国药品特别审批程序的思考》,《中国处方药》2022年第9期。
49. 徐爽、闫亭豫、吴金希:《日本科技基本法设立以后科技政策的演变研究》,《科学学与科学技术管理》2022年第2期。
50. 杨军歌、丁锦希、邵蓉:《创新药物研发投入激励法律制度实施效果的国际比较分析》,《中国医药导报》2011第4期。
51. 杨乐、吴晔:《浅谈加强我国药品上市后研究》,《药物警戒》2007年第9期。
52. 杨莲芬、董晓安:《日本知识产权质押融资的启示》,《浙江经济》2012年第14期。
53. 姚东宁、邵蓉:《德国药品参考定价制度对我国的启示》,《价格理论与实践》2014年第9期。
54. 殷天红、颜建周、邵蓉:《市场独占利益对制药行业创新的激励作用》,《中国新药杂志》2015年第17期。
55. 袁利佳、汪小燕、杨志敏、张宁:《突破性治疗药物程序在药品注册体系中的作用及展望》,《中国药事》2022年第9期。
56. 张琪、颜建周、姚雯、邵蓉:《美国、欧盟、日本药品再评价的法律制度研究及对我国的启示》,《中国药房》2019年第18期。
57. 张象麟、叶光祖:《刍议美国FDA药品审评和研究中心2000年和2001年度报告》,《中国新药杂志》2003年第12期。
58. 张欣涛、平其能、胡彬:《欧盟药品注册管理浅析》,《中国药事》2009年第4期。
59. 赵建中、谢松梅、杨进波、王涛:《不同国家药品上市后研究管理现状比较》,《中国新药杂志》2014年第22期。

60. 赵静:《药品价格管理中的药物经济学评价应用研究》,《价格理论与实践》2022年第3期。
61. 郑淇、张方:《法国药品定价管理过程与方法介绍》,《中国药业》2014年第4期。
62. 周延安、胡先明:《我国与欧盟药品不良反应报告和监测制度比较分析》,《中国药师》2012年第12期。
63. 朱德政、余伯阳:《发达国家创新药品价格管理对我国的启示》,《宏观经济管理》2014年第10期。

三、英文著作

64. Richard Kingham, *The Life Sciences Law Review*, Law Business Research Ltd., 2013.

四、英文论文

65. Dov Solomon & Miriam Bitton, Intellectual Property Securitization, 33 *Cardozo Arts & Ent. L. J.* 125(2015).
66. Janet Fricker, Time for Reform of Drug Pricing in Europe? 47 *European Journal of Cancer* (2011).
67. Spencer Weber Waller & Matthew Sag, Promoting Innovation, 100 *Iowa L. Rev.* 2223(2015).
68. U. NitinKashyap, Vishal Gupta & H. V. Raghunandanp, Comparison of Drug Approval Process in United States & Europe, 5 *J. Pharm. Sci. & Res.* 131-136(2013).

后　记

当勉力完成这部《药物创新立法比较研究》书稿统校工作时，心中并未有太多喜悦之情，更多还是深感惴惴不安。如何以立法推动药物创新，这是一个综合性的论题，涉及行政法、民商法、经济法等多学科的知识，也涉及药事管理、卫生管理、医疗保障等更为广袤的领域。笔者在修改书稿的过程中，更体会到了什么叫作力有不逮。

本项研究可以追溯到2015年至2016年，原国家食品药品监督管理总局政策法规司委托南开大学法学院承担“药物创新立法比较研究”课题，当时的设想是“通过开展药物创新立法的比较研究，对典型国家药物创新立法的重要进展、立法特色、监管重心、制度背景进行评述，并对相关重要法律条款进行节译，本课题力求梳理相应立法的制度框架和制度要义，剖析内在机理，比较不同国家药物创新立法的精髓和特色，并从中概括出具有共性的普遍原理，可资借鉴的法律制度，继而对我国药物创新立法有所裨益”。

2016年，在课题组成员范乾帅、任肖容、丁宇、唐曼、赵灿、宫梦丽等的倾力支持下，课题组完成了课题研究报告《药物创新立法比较研究》，并通过了结题验收。六年后，以“药品监管法治丛书”获2022年国家出版基金资助项目立项为契机，笔者组织团队对这部书稿进行打磨。六年来，国内外药物创新立法与药品监管法律制度都有诸多变化，修改过程在某种意义上是在试图将旧房翻新，其工程量之浩繁，之琐细，之艰难，超出预计，有的部分也被迫忍痛割爱。任肖容、唐曼对当初执笔的第二章、第三章进行了大幅改写，在读硕士生邓琦豪同学对第四章进行了大幅改写，在此衷心表示感谢。笔者对全书进行了统稿，根据自己的理解对内容有所增删。如果本书能对推动药物创新立法有些微裨益，也就多少实现了作者的初衷。

本书的分工如下：

第一章　范乾帅
第二章　任肖容　宋华琳　丁　宇
第三章　唐　曼　宋华琳
第四章　赵　灿　邓琦豪[1]

这部小书的形成与完善，缘起于国家药品监督管理局政策法规司的委托研究，在此要向国家药品监督管理局特别是政策法规司的各位领导和同仁谨致谢忱。同时，本书也是在译林出版社出版的“药品监管法治丛书”的第三部，感谢王笑红编审的策划与督促，感谢黄洁编辑、朱雪婷编辑为丛书付出的辛劳。

此时，夜深人静，脑海中浮现出很多年前的一幕幕画面，却又难以落于笔端，一一诉说。1995年，读本科三年级时，因缘际会，十八岁的我就梦想未来能成为对药品法学有专攻的研究者，而今我和学术团队的同人，勉力推出这样三部深浅不同的药品法书稿，希望能为药品法理论

1　本书作者为宋华琳（南开大学法学院教授，法学博士）、范乾帅（杭州市人民检察院，法学博士）、任肖容（最高人民检察院检察理论研究所，法学博士）、丁宇（日本京都大学助教，京都大学法学博士）、唐曼（南开大学法学院宪法学与行政法学专业博士生）、赵灿（中国农业银行总行网络金融部，法律硕士）、邓琦豪（南开大学法学院硕士生）。

研究和制度建设多少做点贡献，这或许也见证了自己青葱岁月时的学术梦。感谢中国药科大学邵蓉教授、上海市食品药品安全研究会唐民皓会长为这套丛书拨冗撰写推荐语，并不吝赐予诸多溢美之词。感谢中国药科大学丁锦希教授等老师当年的授课，感谢师兄陈永法教授、师妹蒋蓉教授等对我的帮助。

2006年到南开大学法学院任教后，在法学院教行政法的我，因缘际会，有幸参与药品监管的若干政策研究和立法讨论，这给了我一片丰沃的学术田野，在这样一个活生生的“实验室”中，我切身感受到了政府、企业、行业协会、专家、媒体在风险规制中的作用，也为我思考行政法总论提供了一个又一个鲜活的实例。我一直试图将药品行政法或药品监管作为行政法学总论研究的“试金石”或“参照领域”，一方面试图借助比较行政法的工具，借助政府规制与公共治理的理论，对药品监管中的诸多论题进行研究，另一方面，也希望通过行政法分论与总论的互动，发挥印证与反思功能，来推动行政法学总论的持续改革。

但笔者深切认识到，自己对药品法的研究仍是很初步的，这几部著作同样是稚嫩甚至有诸多谬误的。未来，更多同人可以投身这块无垠之沃土，对药物临床试验、药品注册、药品上市后监管、药品价格、药品广告、药品专利链接、药品商标等进行研究；也可以对药品行政许可、行政处罚、行政强制、行政检查、召回、信用惩戒等新型规制工具进行研究；还可以结合风险规制原理，对药品风险评估、风险管理、风险交流、风险警示加以研究。对美国、欧盟等国家和地区的特定药品监管法律制度加以评介，也是非常重要的基础性工作和学术课题。此外，药品法研究不能停留在静态的比较研究，还要去考察药品监管法律制度的实效，以及制约其实效的因素，从而为制度改革和政策设计提供镜鉴。

当然，“说来容易做来难”，这些研究绝非一人之力可以完成。未来，我仍会逡巡于比较行政法、政府规制法与医药卫生法的结合部，期待更多同行、朋友和学生能投身于这片横亘于法律、科学和政策之间的学术沃土，从而逐步建构起我国的药品法学术研究体系，也由衷期待我国药品法治建设更上层楼。

宋华琳

2022年10月20日凌晨三时